CONFESSIONS
D'UN JEUNE ROMANCIER

DU MÊME AUTEUR

L'ŒUVRE OUVERTE, Le Seuil, 1965.

LA STRUCTURE ABSENTE, Mercure de France, 1972.

LA GUERRE DU FAUX, traduction de Myriam Tanant avec la collaboration de Piero Caracciolo, Grasset, 1985.

LECTOR IN FABULA, traduction de Myriem Bouzaher, Grasset, 1985.

PASTICHES ET POSTICHES, traduction de Bernard Guyader, Messidor, 1988 ; 10/18, 1996.

SÉMIOTIQUE ET PHILOSOPHIE DU LANGAGE, traduction de Myriem Bouzaher, PUF, 1988.

LE SIGNE : HISTOIRE ET ANALYSE D'UN CONCEPT, ADAPTATION DE J.-M. KLINKENBERG, Labor, 1988.

LES LIMITES DE L'INTERPRÉTATION, traduction de Myriem Bouzaher, Grasset, 1992.

DE SUPERMAN AU SURHOMME, traduction de Myriem Bouzaher, Grasset, 1993.

LA RECHERCHE DE LA LANGUE PARFAITE DANS LA CULTURE EUROPÉENNE, traduction de Jean-Paul Manganaro ; préface de Jacques Le Goff, Le Seuil, 1994.

SIX PROMENADES DANS LES BOIS DU ROMAN ET D'AILLEURS, traduction de Myriem Bouzaher, Grasset, 1996.

ART ET BEAUTÉ DANS L'ESTHÉTIQUE MÉDIÉVALE, traduction de Maurice Javion, Grasset, 1997.

COMMENT VOYAGER AVEC UN SAUMON, traduction de Myriem Bouzaher, Grasset, 1998.

KANT ET L'ORNITHORYNQUE, traduction de Julien Gayrard, Grasset, 1999.

CINQ QUESTIONS DE MORALE, traduction de Myriem Bouzaher, Grasset, 2000.

DE LA LITTÉRATURE, traduction de Myriem Bouzaher, Grasset, 2003.

À RECULONS COMME UNE ÉCREVISSE. *Guerres chaudes et populisme médiatique*, Grasset, 2006.

Romans

LE NOM DE LA ROSE, traduction de Jean-Noël Schifano, Grasset, 1982 ; édition augmentée d'une Apostille traduite par Myriem Bouzaher, Grasset, 1985. Édition revue et augmentée par l'auteur, Grasset, 2012.

LE PENDULE DE FOUCAULT, traduction de Jean-Noël Schifano, Grasset, 1990.

L'ÎLE DU JOUR D'AVANT, traduction de Jean-Noël Schifano, Grasset, 1996.

BAUDOLINO, traduction de Jean-Noël Schifano, Grasset, 2002.

LA MYSTÉRIEUSE FLAMME DE LA REINE LOANA, *roman illustré*, traduction de Jean-Noël Schifano, Grasset, 2005.

LE CIMETIÈRE DE PRAGUE, traduction de Jean-Noël Schifano, Grasset, 2011.

UMBERTO ECO

CONFESSIONS
D'UN JEUNE ROMANCIER

Traduit de l'anglais par
FRANÇOIS ROSSO

BERNARD GRASSET
PARIS

*L'édition originale de cet ouvrage a été publiée par
Harvard University Press en 2011 sous le titre :*

CONFESSIONS OF A YOUNG NOVELIST

Couverture : Jacques Prévert, « Le Désert de Retz », collage sur photocopie d'Izis.
Collection privée Jacques Prévert © Fatras/Succession Jacques Prévert.

ISBN 978-2-246-78896-6

© *2011 by the President and Fellows of Harvard College.*
© *Éditions Grasset & Fasquelle, 2013, pour la traduction française.*

1

Écrire de gauche à droite

Ces conférences sont intitulées *Confessions d'un jeune romancier*, et l'on sera en droit de se demander pourquoi, puisque j'approche de ma soixante-dix-septième année. Mais il se trouve que c'est seulement en 1980 que j'ai publié mon premier roman, *Le Nom de la rose*, en sorte que mes débuts dans la carrière romanesque ne remontent qu'à vingt-huit ans. C'est pourquoi je me regarde comme un romancier très jeune et certainement prometteur, qui n'a publié à ce jour que cinq romans et en publiera beaucoup d'autres dans les cinquante ans à venir. Ce chantier reste inachevé (sinon, ce ne serait pas un chantier), mais j'espère avoir amassé assez d'expérience pour pouvoir dire quelques mots sur ma façon d'écrire. Afin de rester dans l'esprit des conférences Richard Ellmann[1], je me concentrerai sur mes œuvres de fiction plutôt que sur mes essais,

---

1. Conférences à la Emoury University, Atlanta, 2008. Cette date explique pourquoi Umberto Eco ne cite pas son sixième

Confessions d'un jeune romancier

bien que je me considère comme un universitaire et essayiste de profession et un romancier amateur.

J'ai commencé à écrire des romans dans mon enfance. La première chose que je trouvais, c'était le titre, généralement inspiré par les livres d'aventures de cette époque, qui ressemblaient beaucoup à *Pirates des Caraïbes*. Je dessinais immédiatement toutes les illustrations, puis je me lançais dans le premier chapitre. Mais comme j'écrivais toujours en capitales, à l'imitation des textes imprimés, je m'épuisais au bout de quelques pages et abandonnais la partie. Chacun de mes ouvrages était donc un chef-d'œuvre inachevé, comme la *Symphonie inachevée* de Schubert.

À seize ans, naturellement, je me suis mis à écrire des poèmes, comme tous les adolescents. Je ne me rappelle pas si c'est le besoin de poésie qui fit fleurir mon premier amour (platonique et inavoué), ou l'inverse. Ce qui est sûr, c'est que le mélange fut un désastre. Mais comme je l'ai écrit – sous la forme d'un paradoxe énoncé par un de mes personnages de fiction –, il y a deux sortes de poètes : les bons, qui brûlent leurs poèmes à l'âge de dix-huit ans, et les mauvais, qui continuent à écrire de la poésie jusqu'à la fin de leurs jours[1].

---

roman *Le Cimetière de Prague*, paru en Italie en 2010, et aussi pourquoi il dit : « J'approche de ma soixante-dix-septième année » alors que aujourd'hui, il est dans sa quatre-vingt-unième année. *(N.d.T.)*

1. Certains cessent de versifier un peu après l'âge de dix-huit ans, Arthur Rimbaud par exemple.

Écrire de gauche à droite

Qu'est-ce que l'écriture créative ?

En atteignant la cinquantaine, à la différence de beaucoup d'universitaires, je ne me suis pas senti frustré que mon écriture ne fût pas de nature « créative[1] ».

Je n'ai jamais compris pourquoi Homère est tenu pour un écrivain créatif, alors que Platon ne l'est pas. Pourquoi estime-t-on qu'un mauvais poète est un écrivain créatif, alors qu'un bon essayiste scientifique ne l'est pas ?

En français, on peut faire la différence entre un *écrivain* – celui qui produit des textes créatifs, comme un romancier ou un poète – et un *écrivant* : celui qui rend compte de faits, comme un employé de banque ou un policier rédigeant un rapport. Mais quel genre d'auteur est le philosophe ? On pourrait estimer qu'il est un écrivain professionnel dont les textes peuvent être résumés ou traduits en d'autres termes sans perdre leur signification, alors que les textes des écrivains créatifs ne peuvent être pleinement traduits ou paraphrasés. Mais, bien qu'il soit assurément difficile de traduire des romans ou de la poésie, quatre-vingt-dix pour cent

---

1. À la fin des années cinquante et au début des années soixante, j'ai écrit plusieurs parodies et d'autres œuvres en prose, maintenant rassemblées dans le recueil *Pastiches et postiches* (Paris, Grasset). Mais je les considère comme de simples divertissements.

Confessions d'un jeune romancier

des lecteurs dans le monde ont lu *Guerre et paix* ou *Don Quichotte* en traduction, et je pense qu'un Tolstoï traduit est plus fidèle à l'original que n'importe quelle traduction de Heidegger ou de Lacan. Lacan serait-il plus « créatif » que Cervantès ?

La différence ne peut s'exprimer en termes de fonction sociale d'un texte donné. Les écrits de Galilée sont sans aucun doute d'une haute portée philosophique et scientifique, mais dans les lycées italiens ils sont étudiés comme des exemples de belle écriture créative : des chefs-d'œuvre de style.

Si nous étions bibliothécaires et décidions de ranger les textes créatifs dans la salle A et les textes prétendus scientifiques dans la salle B, grouperions-nous les essais d'Einstein avec les lettres d'Edison à ses commanditaires, et *Oh, Susanna !* avec *Hamlet* ?

On a suggéré que les écrivains « non créatifs », comme Linné ou Darwin, entendaient communiquer des informations véridiques sur les baleines ou les grands singes, alors que Melville, en écrivant sur une baleine blanche, ou Burroughs, en nous présentant Tarzan chez les singes, ne faisaient que *prétendre* dire des vérités, alors qu'en réalité ils inventaient des baleines ou des singes qui n'existaient pas et ne s'intéressaient pas aux vrais. Pouvons-nous pour autant affirmer avec certitude que Melville, en nous parlant d'une baleine qui n'existe pas, n'a pas l'intention de

Écrire de gauche à droite

nous dire des vérités sur la vie et la mort, sur la fierté humaine et l'obstination ?

Il est problématique de définir comme « créatif » un auteur qui nous dit simplement des choses en contradiction avec les faits. Sur le mouvement de la terre, Ptolémée a affirmé des contrevérités. Devons-nous en induire qu'il est plus créatif que Kepler ?

La différence se situe plutôt dans les réactions divergentes que peuvent opposer les auteurs aux interprétations de leurs écrits. Si je dis à un philosophe, à un scientifique, à un critique d'art : « Vous avez écrit ceci et cela », il pourra toujours me répondre : « Vous avez mal compris mon texte, j'ai dit exactement le contraire. » Mais si un critique proposait une interprétation marxiste d'*À la recherche du temps perdu* – en estimant par exemple qu'au sommet de la crise de la bourgeoisie décadente, la totale dévotion au royaume de la mémoire a nécessairement isolé l'artiste de la société –, Proust pourrait juger cette interprétation insatisfaisante, mais il aurait des difficultés à la réfuter.

Comme nous le verrons dans une conférence ultérieure, les écrivains créatifs – en tant que lecteurs raisonnables de leur œuvre – sont naturellement en droit de s'élever contre une interprétation farfelue. Mais, de manière générale, ils doivent respecter leurs lecteurs, car ils ont lancé leurs textes dans le monde un peu comme on jette une bouteille à la mer.

Confessions d'un jeune romancier

Après avoir publié un texte sur la sémiotique, je consacre mon temps soit à reconnaître que je me suis trompé, soit à démontrer que ceux qui ne l'ont pas compris comme je l'entendais l'ont mal lu. À l'inverse, après avoir publié un roman, je me sens par principe un devoir moral de ne pas m'élever contre les interprétations qui en sont faites (et d'ailleurs de n'en encourager aucune).

S'il en est ainsi – et ici nous ne pouvons identifier la véritable différence entre écriture créative et scientifique –, c'est parce que dans un essai théorique, on cherche d'ordinaire à démontrer une thèse particulière ou à apporter une réponse à un problème spécifique. Alors que dans un poème ou un roman, on cherche à représenter la vie dans toute son inconsistance. On veut mettre en scène une série de contradictions en les rendant évidentes et poignantes. Les auteurs créatifs demandent à leurs lecteurs d'essayer une solution et ne leur offrent pas une formule définie (sauf dans la littérature kitsch et sentimentale, dont le but est d'offrir une consolation à bon marché). C'est pourquoi, à l'époque où je donnais des conférences sur mon premier roman, qui venait d'être publié, j'ai soutenu que, parfois, un romancier peut dire des choses qui sont indicibles pour un philosophe.

Ainsi, jusqu'à 1978, me suis-je senti comblé d'être un philosophe et un sémioticien. Une fois, j'ai même écrit,

Écrire de gauche à droite

avec une touche d'arrogance platonicienne, que je considérais les poètes et les artistes en général comme prisonniers de leurs propres mensonges, comme des imitateurs d'imitations, alors qu'en tant que philosophe j'avais accès au vrai monde platonicien des Idées.

On pourrait observer que, créativité à part, beaucoup de chercheurs ont ressenti l'envie de raconter des histoires et regretté de ne pas en être capables ; c'est pourquoi les tiroirs de nombreux professeurs d'université sont remplis de mauvais romans qui n'ont jamais été publiés. Mais au fil des ans, j'ai satisfait ma passion secrète pour le récit de deux manières différentes : premièrement, en pratiquant souvent la narration orale avec mes enfants (au point de me sentir perdu quand ils ont grandi et sont passés des contes de fées à la musique rock) ; puis en faisant de chacun de mes essais critiques un récit.

Quand j'ai soutenu ma thèse de doctorat sur l'esthétique de saint Thomas d'Aquin – un sujet très controversé, car à l'époque les chercheurs estimaient qu'il n'y avait aucune réflexion esthétique dans son immense corpus d'écrits –, un de mes examinateurs m'a reproché une sorte de « tricherie narrative ». Selon lui, il était inévitable qu'un chercheur dans sa maturité, quand il s'engageait dans une recherche, procédât par tâtonnements, posant et rejetant différentes hypothèses ; mais à la fin de son investigation, toutes ces tentatives devaient être digérées et le chercheur ne devait présenter

Confessions d'un jeune romancier

que ses conclusions. Alors que moi, disait-il, j'avais raconté l'histoire de ma recherche comme s'il s'agissait d'un roman policier. Il m'opposa cette objection dans les termes les plus amicaux, et me suggéra ainsi l'idée fondamentale que *toute recherche doit être « narrée »* *de cette façon.* Tout ouvrage scientifique doit être une sorte d'enquête criminelle : le rapport de la quête d'un Saint Graal. Et je pense que c'est ce que j'ai fait dans tous mes écrits scientifiques ultérieurs.

Il était une fois

Au début de 1978, une de mes amies, qui travaillait pour une petite maison d'édition, me dit qu'elle avait demandé à des non-romanciers (philosophes, socio-logues, hommes politiques, etc.) d'écrire chacun une brève nouvelle policière. Pour les raisons que je viens de mentionner, je lui répondis que je ne m'intéressais pas à l'écriture créative et que j'étais incapable d'écrire un bon dialogue. Je conclus (et j'ignore pourquoi) par une provocation : si je devais écrire une histoire d'enquête criminelle, ce serait un roman d'au moins cinq cents pages qui se passerait dans un monastère médiéval. Mon amie m'expliqua qu'elle ne cherchait pas à publier un bouquin alimentaire mal fichu, et nous en sommes restés là.

Écrire de gauche à droite

Aussitôt rentré chez moi, je fouillai mes tiroirs et finis par retrouver un brouillon qui remontait à l'année précédente : il s'agissait d'un papier sur lequel j'avais noté quelques noms de moines. C'était le signe qu'au plus secret de mon âme, l'idée d'un roman avait déjà commencé de germer, mais que je n'en avais pas encore conscience. Je songeai alors qu'il serait amusant d'empoisonner un moine pendant qu'il lisait un livre mystérieux. Rien de plus. Et je commençai d'écrire *Le Nom de la rose*.

Après la publication du livre, on m'a souvent demandé pourquoi j'avais décidé d'écrire un roman, et les raisons que j'avançai (et qui variaient selon mon humeur) étaient probablement toutes vraies, ce qui veut dire qu'elles étaient toutes fausses. Pour finir, j'ai pris conscience que la seule réponse exacte était qu'à un moment de ma vie, j'avais éprouvé l'envie de le faire, et je pense que c'est une explication suffisante et raisonnable.

Comment écrire

Quand on me demande au cours d'un entretien : « Comment avez-vous écrit vos romans ? », j'ai l'habitude de couper court à ce genre de questions en répondant : « De gauche à droite. » Je sais bien que cette réponse n'est pas satisfaisante (sans compter qu'elle

Confessions d'un jeune romancier

peut provoquer une certaine perplexité dans les pays arabes et en Israël). Je prends donc maintenant le temps d'une explication plus détaillée.

J'ai appris plusieurs choses en écrivant mon premier roman. D'abord, qu'« inspiration » est un très mauvais mot, employé par des auteurs retors pour paraître artistiquement respectables. Comme dit le vieil adage, le génie est fait de dix pour cent d'inspiration et de quatre-vingt-dix pour cent de transpiration. On rapporte que Lamartine décrivait ainsi les circonstances dans lesquelles il avait écrit un de ses meilleurs poèmes : il lui était venu tout achevé, dans une soudaine illumination, une nuit où il errait dans les bois. Or, après sa mort, quelqu'un trouva dans ses affaires un nombre impressionnant de versions dudit poème, qu'il avait écrit et réécrit dans un laps de temps de plusieurs années.

Les premiers critiques qui ont reçu *Le Nom de la rose* ont déclaré que le livre avait été rédigé sous l'influence d'une inspiration lumineuse, mais que, en raison de ses difficultés conceptuelles et linguistiques, il était réservé à un public de *happy few*. Le livre se révéla un énorme succès de librairie et se vendit par millions d'exemplaires. C'est alors que les mêmes critiques écrivirent que pour concocter un best-seller aussi populaire et divertissant, j'avais sans doute suivi mécaniquement une recette secrète. Plus tard, ils prétendirent que la clef du succès du livre était un

Écrire de gauche à droite

programme informatique, oubliant que les premiers ordinateurs dotés d'un logiciel d'écriture viable n'étaient apparus qu'au début des années quatre-vingt, quand mon roman était déjà imprimé. Dans les années 1978-1979, tout ce qu'on trouvait, même aux États-Unis, était les petits ordinateurs bon marché de marque Tandy, et personne ne s'en serait jamais servi pour rien écrire d'autre qu'une simple lettre.

Plus tard, un peu agacé d'avoir été accusé d'avoir écrit mon livre grâce à un ordinateur, je formulai la vraie recette pour fabriquer un best-seller par informatique :

> Avant tout, il faut évidemment posséder un ordinateur, c'est-à-dire une machine intelligente qui pense à votre place, ce qui sera un avantage indiscutable pour beaucoup de gens. Il suffit alors de composer un programme de quelques lignes. Même un enfant en serait capable. Puis on renseignera l'ordinateur avec le contenu d'une centaine de romans et d'ouvrages scientifiques, sans oublier la Bible, le Coran et une série d'annuaires téléphoniques (très utiles pour les noms des personnages). Disons, un total d'environ cent vingt mille pages. Cela fait, on se servira d'un autre programme pour randomiser : en d'autres termes, mélanger tous ces textes en procédant à quelques ajustements, par exemple supprimer tous les « e » pour obtenir non seulement un roman, mais un lipogramme à la Perec. Cliquer alors sur « Imprimer » et,

Confessions d'un jeune romancier

puisque vous avez éliminé tous les « e », ce qui sortira comportera un peu moins de texte que les cent vingt mille pages initiales. Après avoir soigneusement lu et relu le tout à plusieurs reprises, en soulignant les passages les plus significatifs, on l'emportera à l'incinérateur. Ensuite, il suffira de s'asseoir sous un arbre avec un morceau de charbon et une liasse de bon papier à dessin, et, en laissant son esprit vagabonder, on écrira deux lignes, par exemple « La lune est haut dans le ciel / les feuillages bruissent ». Peut-être ce qui émergera au début ne sera-t-il pas un roman, mais quelque chose de plus proche d'un *haïku* japonais. Au demeurant, l'important est de commencer[1].

Puisque nous parlons des lenteurs de l'inspiration, je dois reconnaître que l'écriture du *Nom de la rose* ne m'a demandé que deux ans, pour la simple raison que je n'ai pas eu à entreprendre de recherches sur le Moyen Âge. Comme je l'ai dit plus haut, ma thèse de doctorat portait sur l'esthétique médiévale, et j'avais consacré d'autres études à cette époque. Au fil des ans, j'avais visité de nombreuses abbayes romanes, des cathédrales gothiques et d'autres édifices moyenâgeux. Quand je me suis décidé à écrire le roman, ce fut comme si j'ouvrais un grand placard où j'avais empilé

---

1. Cf. Umberto Eco, « Come scrivo » (« Comment j'écris »), *in* Maria Teresa Serafini, éd., *Come si scrive un romanzo*, Milan, Bompiani.

mes dossiers durant des décennies. Tout ce matériau était là, à portée de main, et je n'avais qu'à sélectionner ce dont j'avais besoin. Pour mes romans ultérieurs, la situation fut différente (même si j'ai toujours choisi mes sujets en raison de la familiarité que j'avais déjà avec eux). C'est pourquoi ces livres m'ont pris beaucoup plus longtemps : huit ans pour *Le Pendule de Foucault*, six pour *L'Île du jour d'avant* et pour *Baudolino*. Il ne m'en a fallu que quatre pour *La Mystérieuse Flamme de la reine Loana*, car le livre est fondé sur mes lectures d'enfance dans les années trente et quarante et j'avais toute une matière première à ma disposition chez moi, comme des bandes dessinées, des enregistrements, des magazines et des journaux : en somme, toute ma collection de souvenirs, de nostalgie et de bricoles diverses.

Construire un monde

À quoi occupé-je mon temps au cours de mes années de gestation littéraire ? À collecter des documents ; à visiter des lieux et à dessiner des cartes ; à noter les plans de bâtiments, voire d'un navire comme pour *L'Île du jour d'avant* ; et à croquer les visages des personnages. Pour *Le Nom de la rose*, j'ai effectué des portraits de chacun des moines sur lesquels j'écrivais. Ces années préparatoires, je les passe dans une sorte de

Confessions d'un jeune romancier

château enchanté ou, si l'on préfère, de retraite autiste. Personne ne sait ce que je fais, même les membres de ma famille. Je donne l'impression d'être occupé à une foule de choses, mais je suis toujours concentré sur la capture d'idées, d'images et de mots pour mon histoire. Si, en écrivant sur le Moyen Âge, je vois passer une voiture dans la rue et que sa couleur produit un effet sur moi, je prends note de cette expérience dans mon calepin, ou simplement dans ma tête, et cette couleur jouera plus tard un rôle dans la description, par exemple, d'une miniature.

Au temps où je préparais *Le Pendule de Foucault*, j'ai passé des soirées entières, jusqu'à l'heure de la fermeture, à arpenter les couloirs du Conservatoire des arts et métiers à Paris, où se produisent quelques-uns des événements majeurs de l'histoire. Pour décrire la marche nocturne de Casaubon à travers Paris, du Conservatoire à la place des Vosges puis à la tour Eiffel, j'ai passé plusieurs nuits à parcourir la ville entre deux et trois heures du matin, murmurant dans un dicta-phone pour prendre note de tout ce que je voyais et ainsi ne pas me tromper dans les noms de rues et les croisements.

Pour la préparation de *L'Île du jour d'avant*, je me suis naturellement rendu dans les mers du Sud, sur le lieu précis où se passe le livre, pour observer les cou-leurs de la mer et du ciel à différentes heures du jour et les teintes des poissons et des coraux. Mais j'ai aussi

Écrire de gauche à droite

consacré deux ou trois ans à l'étude des dessins et des modèles des navires de l'époque, pour connaître les dimensions d'une cabine ou d'une coursive et savoir comment une personne pouvait s'y déplacer.

Après la publication du *Nom de la rose*, le premier cinéaste à me proposer de produire un film à partir de mon roman fut Marco Ferreri. Il me dit : « Votre livre semble conçu expressément pour qu'on en tire un scénario, car les dialogues ont exactement la bonne longueur. » D'abord, je n'ai pas compris pourquoi. Puis je me suis rappelé qu'avant de commencer à écrire, j'avais dessiné des centaines de labyrinthes et de plans d'abbayes, en sorte que je savais combien de temps il faudrait à deux personnages pour se rendre d'un lieu à un autre tout en conversant. Ainsi le plan de mon monde fictionnel avait-il dicté la longueur des dialogues.

De cette façon, j'ai appris qu'un roman n'est pas qu'un phénomène linguistique. En poésie, les mots sont difficiles à traduire parce que ce qui compte est leur son, ainsi que la volontaire multiplicité de leurs sens, si bien que c'est le choix des mots qui détermine le contenu. Dans le récit, nous sommes dans la situation contraire : c'est l'*univers* que l'auteur a construit, ce sont les événements qui s'y produisent qui dictent le rythme, le style et même le choix des mots. Le récit est gouverné par la règle latine *Rem tene, verba sequentur* – « Tiens ton sujet, les mots suivront » –,

Confessions d'un jeune romancier

alors qu'en poésie il faudrait renverser cet adage : « Tiens-t'en aux mots, le sujet suivra ».

Le récit est d'abord et avant tout une affaire cosmologique. Pour raconter quelque chose, on commence par jouer le rôle d'une sorte de démiurge qui crée un monde, et ce monde doit être aussi précis que possible pour qu'on puisse s'y mouvoir en totale confiance.

J'obéis si strictement à cette règle que, par exemple, quand j'indique dans *Le Pendule de Foucault* que les deux maisons d'édition Manuzio et Garamond se trouvent dans deux immeubles adjacents entre lesquels un passage a été construit, cette affirmation est le résultat de plusieurs plans que j'ai dessinés pour imaginer à quoi pouvait ressembler ce passage et s'il fallait y placer des marches pour compenser la différence de hauteur entre les deux édifices. Dans le roman, je fais une brève mention de ces marches et le lecteur, je pense, assimile leur présence sans beaucoup y prêter attention. Mais pour moi, elles sont cruciales, et si je ne les avais pas dessinées j'aurais été incapable de poursuivre mon histoire.

Certains apparentent cette démarche à celle de Luchino Visconti dans ses films. Quand le script indiquait que deux personnages parlaient d'une boîte de bijoux, il tenait à ce que la boîte, même si on ne l'ouvrait jamais, fût remplie de vrais bijoux. Sinon, les acteurs auraient joué leur rôle avec moins de conviction.

Écrire de gauche à droite

Les lecteurs du *Pendule de Foucault* ne sont pas censés connaître la topographie exacte des deux maisons d'édition. Même si la structure du monde romanesque – le contexte où se produisent les événements et où évoluent les personnages – est fondamentale pour l'écrivain, elle reste souvent imprécise pour le lecteur. Dans *Le Nom de la rose*, cependant, j'ai placé un plan de l'abbaye au début du livre. C'est une référence en forme de clin d'œil aux nombreux romans policiers à l'ancienne qui comportent un plan de la scène de crime (un presbytère, un manoir), et c'est aussi une pointe ironique de réalisme, une sorte de « témoignage » que l'abbaye a vraiment existé. Mais j'ai aussi voulu que mes lecteurs visualisent clairement les déplacements de mes personnages à l'intérieur du monastère.

Après la publication de *L'Île du jour d'avant*, mon éditeur allemand m'a demandé si je ne jugeais pas utile que le roman comportât un croquis montrant l'agencement du navire. Ce croquis, je le possédais, et j'avais passé beaucoup de temps à le dessiner, comme le plan de l'abbaye pour *Le Nom de la rose*. Mais dans le cas de *L'Île du jour d'avant*, je souhaitais que le lecteur eût les idées confuses comme le héros, qui ne parvient pas à trouver son chemin dans ce navire-labyrinthe et l'explore souvent après avoir absorbé pas mal d'alcool. Il me fallait donc déboussoler mon lecteur tout en gardant moi-même les idées aussi claires que possible, en parlant de lieux et d'espaces calculés au millimètre.

Confessions d'un jeune romancier

Idées séminales

Une autre question qu'on me pose souvent est la suivante : « Quelle idée de base, quel plan détaillé avez-vous en tête avant de commencer à écrire ? » C'est seulement après mon troisième roman que j'en ai pris pleinement conscience : chacun avait germé d'une idée séminale qui était un peu plus qu'une image. Dans *Apostille au « Nom de la rose »*, j'ai déclaré que si j'avais commencé d'écrire ce roman, c'était parce que « j'avais envie d'empoisonner un moine ». En réalité, je n'avais aucun désir d'empoisonner un moine, au sens où je n'ai jamais eu aucun désir d'empoisonner qui que ce fût, moine ou laïc. J'étais simplement frappé par l'image d'un moine empoisonné tout en lisant. Peut-être me rappelais-je une expérience vécue à l'âge de seize ans : en visitant un monastère bénédictin (Santa Scolastica à Subiaco), j'avais traversé le cloître médiéval, puis j'étais entré dans une bibliothèque très sombre, où j'avais trouvé, ouvert sur un lutrin, un exemplaire des *Acta Sanctorum*. Dans un profond silence, j'avais feuilleté cet énorme volume, à peine éclairé par quelques rais de lumière filtrant à travers les vitraux, et j'avais ressenti une sorte de frisson. Quelque quarante ans plus tard, c'est ce frisson qui a resurgi de mon inconscient.

Et c'était cela, l'image séminale. Le reste est venu petit à petit, au fil de mes efforts pour donner un sens

Écrire de gauche à droite

à cette image. Le sens est venu de lui-même, progressivement, tandis que je fouillais dans vingt-cinq ans de vieilles fiches sur le Moyen Âge initialement destinées à un tout autre usage.

Pour *Le Pendule de Foucault*, les choses ont été plus compliquées. Après avoir écrit *Le Nom de la rose*, j'avais le sentiment d'avoir nourri mon premier (et peut-être dernier) roman de tout ce que, même indirectement, je pouvais dire de moi-même. Restait-il quelque chose qui m'appartînt authentiquement et qui pût être sujet d'écriture ?

Deux images me sont venues à l'esprit. La première fut celle du pendule de Léon Foucault, que j'avais vu quelque trente ans plus tôt à Paris et qui avait produit sur moi une énorme impression : un autre frisson longtemps enfoui dans les profondeurs de mon âme. La seconde image, ce fut moi-même en train de jouer de la trompette aux funérailles de résistants italiens. Une histoire vraie que je n'avais jamais cessé de raconter, parce que je la trouvais belle et aussi parce que plus tard, en lisant Joyce, j'avais pris conscience que j'avais vécu ce que, dans *Stephen le héros*, il appelle une épiphanie.

J'ai donc décidé de raconter une histoire qui commencerait avec le fameux pendule et finirait en montrant un jeune trompettiste dans un cimetière par un matin ensoleillé. Mais comment faire le chemin du

Confessions d'un jeune romancier

pendule à la trompette ? Il me fallut huit ans pour répondre à cette question, et la réponse fut le roman.

Pour *L'Île du jour d'avant*, tout a commencé par une question posée par un journaliste français : « Pourquoi décrivez-vous si bien les espaces ? » Je n'avais jamais prêté grande attention à ma description des espaces, mais en réfléchissant à cette question, je me suis rendu compte de ce que j'ai expliqué plus haut : pour peu qu'on dessine tous les détails d'un monde, on sait comment le décrire en termes d'espace, car on l'a devant les yeux. Il existe un genre littéraire classique, appelé *ekphrasis*, qui consiste à décrire une image donnée (comme une peinture ou une statue) avec tant de soin et de précision que même ceux qui ne l'ont jamais eue devant les yeux peuvent la « voir » aussi bien que si elle y était. Comme l'a écrit Joseph Addison dans *Les Plaisirs de l'imagination* (1712), « les Mots, quand ils sont bien choisis, possèdent en eux une telle Force qu'une Description nous donne souvent des Idées plus vives que la Vision des Choses mêmes ». Quand *Laocoon* fut découvert à Rome en 1506, on dit que les lettrés de la Ville éternelle reconnurent en lui la célèbre statue grecque grâce à la description qu'en avait donnée Pline l'Ancien dans son *Histoire naturelle*.

Dans ces conditions, pourquoi ne pas raconter une histoire où l'espace jouerait un rôle essentiel ? En outre (me dis-je), dans mes deux premiers romans, j'avais

Écrire de gauche à droite

trop parlé de monastères et de musées, c'est-à-dire d'espaces culturels clos. Je ferais bien d'essayer d'écrire sur des espaces ouverts et naturels. Et comment remplir un roman d'espaces immenses, la nature et rien d'autre ? En envoyant mon héros sur une île déserte.

En même temps, j'étais intrigué par une de ces horloges mondiales qui donnent l'heure locale de tous les points du globe et montrent la ligne internationale de changement de date, sur le cent quatre-vingtième méridien. Tout le monde connaît l'existence de cette ligne, parce que tout le monde a lu *Le Tour du monde en quatre-vingts jours* de Jules Verne, mais nous n'y pensons pas souvent.

Mon protagoniste devait se trouver à l'ouest de cette ligne et voir une île à l'est où ce serait hier. Je ne comptais pas en faire un naufragé sur cette île, mais il devait être abandonné en un lieu d'où il la verrait, et ne pas savoir nager de manière à être contraint de contempler cette île éloignée de lui dans l'espace et dans le temps.

Mon horloge mondiale me montrait que ce point fatidique se trouvait dans les îles Aléoutiennes, mais je ne voyais pas comment je pouvais y exiler un personnage. Un naufrage sur une plate-forme de forage ? J'ai dit plus haut que si j'écris sur un lieu donné, j'ai besoin de m'y rendre, et l'idée d'un voyage dans une région glacée comme les îles Aléoutiennes ne me tentait guère.

Confessions d'un jeune romancier

Mais en réfléchissant au problème et en feuilletant mon atlas, j'ai découvert que la ligne de changement de date passait aussi par l'archipel des Fidji. Or les îles du sud du Pacifique offraient de riches associations avec Robert Louis Stevenson. Ce sont, pour beaucoup, des terres qui furent découvertes par les Européens au XVIIᵉ siècle, et je connaissais assez bien la culture de l'ère baroque, car c'était l'époque des Trois Mousquetaires et du cardinal de Richelieu. Je n'avais qu'à commencer, et le roman se mettrait en route sur ses deux jambes.

Une fois qu'un auteur a dessiné un univers romanesque spécifique, les mots suivent d'eux-mêmes, et ce sont ceux que requiert ce monde particulier. Pour cette raison, le style que j'ai employé dans *Le Nom de la rose* est celui d'un chroniqueur médiéval : précis, naïf, plat quand il le faut (un humble moine du XIVᵉ siècle n'écrit pas comme Joyce ou ne se rappelle pas le temps perdu comme Proust). De surcroît, puisque mon roman était censément la transcription d'une traduction du XIXᵉ siècle d'un texte médiéval, le modèle stylistique n'était qu'indirectement le latin des chroniqueurs du Moyen Âge : le modèle le plus immédiat était celui de leurs traducteurs modernes.

Dans *Le Pendule de Foucault*, j'avais besoin d'une pluralité de langages : la langue cultivée et archaïsante d'Agliè, la rhétorique fasciste pseudo-d'annunzienne

Écrire de gauche à droite

d'Ardenti, la langue désenchantée et ironiquement littéraire des dossiers secrets de Belbo (qui est à vrai dire postmoderne dans son recours frénétique aux citations littéraires), le style kitsch de Garamond, et les dialogues égrillards des trois éditeurs quand ils se lancent dans leurs fantaisies irresponsables, mélangeant les références doctes avec des jeux de mots prétentieux. Ces « sauts de registre » n'étaient pas fondés sur un simple choix stylistique, mais déterminés par la nature du monde où se déroulait l'histoire et par la psychologie des personnages.

Dans *L'Île du jour d'avant*, c'est la période culturelle qui s'est avérée le facteur déterminant. Elle a influencé non seulement le style, mais la structure même du dialogue continu entre le narrateur et le personnage, alors que le lecteur est constamment convoqué comme témoin et complice de ce débat. Ce choix métanarratif procédait du fait que mes personnages étaient censés s'exprimer dans un style baroque, alors que moi-même je ne le pouvais pas. Il me fallait donc un narrateur aux humeurs et aux fonctions nombreuses : parfois, il est irrité par les excès verbaux de ses personnages ; d'autres fois, il est leur victime ; et d'autres fois encore, il tempère ces excès en présentant des excuses au lecteur.

Jusqu'ici, j'ai dit (1) que mon point de départ était une idée ou une image séminale, et (2) que la construction du monde narratif détermine le style du roman.

Confessions d'un jeune romancier

Ma quatrième incursion dans le genre romanesque, *Baudolino*, contredit pourtant ces deux principes. Prenons l'idée séminale : pendant deux ans, j'en ai eu beaucoup, et quand il y a trop d'idées séminales c'est le signe qu'elles ne sont pas séminales. À un certain point, j'ai décidé que mon héros serait un petit garçon né à Alessandria, ma ville natale, qui a été fondée au XIIe siècle et peu après assiégée par Frédéric Barberousse. De surcroît, je voulais que mon Baudolino fût le fils du légendaire Gagliaudo, qui, alors que Barberousse était sur le point de conquérir la ville, lui fit lever le siège grâce à un tour de sa façon, une mystification, un stratagème (et si vous voulez savoir lequel, lisez le livre !).

Baudolino était une bonne occasion de revenir à mon Moyen Âge bien-aimé, à mes racines personnelles et à ma passion pour les falsifications. Mais ce n'était pas assez. Je ne savais ni par où commencer, ni quel genre de style employer, ni qui était mon vrai héros.

J'ai réfléchi au fait qu'à cette époque, dans ma région natale, les gens ne parlaient plus le latin, mais de nouveaux dialectes qui, à certains égards, ressemblaient à l'italien d'aujourd'hui, lequel était encore dans sa petite enfance. Mais nous n'avons aucun document sur les dialectes parlés en ce temps-là dans le nord-ouest de l'Italie. Je me suis donc senti libre d'inventer un idiome populaire, un *pidgin* hypothétique de la haute vallée du Pô au XIIe siècle ; et je crois que mon idée a plutôt

Écrire de gauche à droite

bien fonctionné, car, selon un de mes amis qui enseigne l'histoire de la langue italienne (et bien que personne ne puisse confirmer ou réfuter mon invention), la langue de Baudolino est tout à fait de l'ordre du possible.

Cette langue, qui n'est pas allée sans donner du fil à retordre à mes courageux traducteurs, m'a suggéré la psychologie de mon protagoniste, Baudolino, et fait de mon quatrième roman un contrepoint picaresque au *Nom de la rose*. Ce dernier présentait des intellectuels parlant dans un style élevé, alors que *Baudolino* se passe dans un monde de paysans, de guerriers et de goliards impudents. Aussi le style adopté déterminait-il l'histoire que je racontais.

Je dois toutefois reconnaître que *Baudolino* s'enracine lui aussi dans une première et poignante image. J'avais longtemps été fasciné par Constantinople, sans pourtant l'avoir jamais visitée. Pour avoir une raison de m'y rendre, j'avais besoin de raconter une histoire sur cette ville et sur la civilisation byzantine. Je fis donc le voyage de Constantinople. J'explorai la surface de la ville et les couches en dessous, et trouvai l'image fondatrice de mon récit : celle de Constantinople saccagée par les croisés en 1204.

Prenez Constantinople en flammes, un jeune affabulateur, un empereur germanique et quelques monstres d'Asie mineure, et vous aurez le roman. J'admets

Confessions d'un jeune romancier

que la recette ne doit pas paraître convaincante, mais pour moi elle a marché.

Je dois ajouter que mes copieuses lectures sur la culture byzantine m'ont amené à découvrir Nicétas Choniatès, un historien grec de la période qui m'intéressait. J'ai décidé de raconter toute l'histoire comme si c'était un rapport de Baudolino – affabulateur supposé – destiné à Nicétas. J'avais aussi ma structure métanarrative : une histoire où non seulement Nicétas, mais le narrateur et le lecteur ne sont jamais sûrs de la véracité des récits de Baudolino.

Contraintes

J'ai dit plus haut qu'une fois trouvée l'image séminale, l'histoire peut avancer d'elle-même. Ce n'est vrai que jusqu'à un certain point. Pour permettre à l'histoire d'avancer, l'écrivain doit fixer certaines contraintes.

Les contraintes sont fondamentales dans toute entreprise artistique. Un peintre qui décide d'utiliser les huiles plutôt que la tempera, une toile plutôt qu'un mur, un compositeur qui opte pour une tonalité donnée, un poète qui choisit d'écrire en couplets rimés, ou en hendécasyllabes plutôt qu'en alexandrins, tous établissent un système de contraintes. De même que les artistes d'avant-garde, qui semblent éviter les contraintes, mais

Écrire de gauche à droite

en réalité en construisent d'autres, qui passent inaperçues.

Choisir les sept trompettes de l'Apocalypse pour rythmer la succession des événements, comme je l'ai fait dans *Le Nom de la rose*, est une contrainte. Situer le récit à une époque donnée en est une autre, car, selon le moment de l'histoire, on peut faire advenir certains événements, mais pas d'autres. C'était une contrainte de décider qu'en accord avec l'obsession de l'occulte de certains des personnages, *Le Pendule de Foucault* comporterait exactement cent vingt chapitres et que l'histoire serait divisée en dix parties, comme les sephirot de la Kabbale.

Une autre contrainte bien présente dans *Le Pendule de Foucault* était que les personnages devaient avoir vécu les soulèvements étudiants de 1968. Mais Belbo rédige ses fichiers sur son ordinateur – qui joue lui aussi un rôle important, car il inspire en partie la nature aléatoire et combinatoire du livre –, si bien que les événements de la fin ne peuvent se produire qu'au début des années quatre-vingt et non avant, car les premiers ordinateurs dotés d'un système de traitement de texte n'ont été disponibles en Italie qu'en 1982-1983. Mais pour permettre au temps de s'écouler entre 1968 et 1983, j'ai été forcé d'envoyer mon héros, Casaubon, quelque part ailleurs. Où ? Mes souvenirs de rites magiques auxquels j'avais assisté m'ont ramené au Brésil, où j'ai installé Casaubon pour plus d'une

33

Confessions d'un jeune romancier

dizaine d'années. Beaucoup ont trouvé cette digression trop longue, mais pour moi (et pour certains lecteurs bienveillants), elle était essentielle, car ce qui se passe au Brésil est une sorte de prémonition hallucinée de ce qui arrivera à mes personnages dans le reste du livre.

Si IBM ou Apple avaient commencé à vendre de bons traitements de texte six ou sept ans plus tôt, mon roman aurait été différent. Il n'y aurait pas eu de Brésil, et, de mon point de vue, ç'aurait été une grande perte.

L'Île du jour d'avant se fonde sur une série de contraintes temporelles. Par exemple, je voulais que mon héros, Roberto, se trouvât à Paris le jour de la mort de Richelieu (le 4 décembre 1642). Était-il nécessaire qu'il fût présent à la mort du cardinal ? Pas du tout : mon histoire aurait été la même si Roberto n'avait pas vu Richelieu sur son lit de mort. En outre, quand j'ai introduit cette contrainte, je n'avais aucune idée de sa fonction possible. Je voulais seulement représenter Richelieu mourant. Par simple sadisme.

Mais cette contrainte m'a obligé à résoudre un casse-tête. Roberto devait arriver sur son île en août de l'année suivante, parce que c'était en août que j'avais visité les Fidji, et j'étais donc capable de décrire les levers de soleil dans les ciels nocturnes à cette saison seulement. Au XVIIe siècle, il n'était pas impossible à un navire de se rendre d'Europe en Mélanésie en six ou sept mois, mais je devais affronter une terrible difficulté : après ce mois d'août, quelqu'un devait trouver

34

Écrire de gauche à droite

le journal de Roberto sur ce qui restait du vaisseau qui l'avait transporté. Or, l'explorateur néerlandais Abel Tasman avait probablement atteint l'archipel des Fidji avant juin, c'est-à-dire avant l'arrivée de Roberto. C'est ce qui explique les allusions introduites dans le chapitre final, pour persuader le lecteur que, peut-être, Tasman était passé deux fois par ces îles sans noter sa seconde visite dans son livre de bord (si bien que l'auteur et le lecteur sont conduits à imaginer des silences, des complots, des ambiguïtés), ou que le capitaine Bligh avait débarqué sur l'île après avoir échappé à la mutinerie de la *Bounty* (hypothèse plus excitante, et jolie façon ironique de mêler deux univers textuels).

Mon roman s'appuie sur beaucoup d'autres contraintes, mais je ne peux pas toutes les révéler : pour écrire un roman à succès, un auteur doit garder le secret sur certaines recettes.

Pour *Baudolino*, j'ai dit que je voulais commencer l'histoire par l'incendie de Constantinople en 1204. Comme je voulais aussi que mon héros écrivît une fausse lettre du Prêtre Jean et prît part à la fondation d'Alessandria, j'étais obligé de le faire naître aux alentours de 1142, pour qu'en 1204 il eût déjà soixante-deux ans. En ce sens, l'histoire devait commencer par la fin : Baudolino raconterait ses aventures passées au moyen d'une série de *flashes back*. Aucun problème.

Confessions d'un jeune romancier

Reste que Baudolino se trouve à Constantinople alors qu'il revient du royaume du Prêtre Jean. Or, la fausse lettre du Prêtre – nous dit la documentation historique – a été fabriquée ou divulguée vers 1160, et, dans mon roman, Baudolino l'écrit dans le but de convaincre Frédéric Barberousse de prendre la route de ce mystérieux royaume. Donc, même si Baudolino devait passer une quinzaine d'années à voyager vers le royaume, à y séjourner et à y réchapper de multiples aventures, il ne pouvait commencer son pèlerinage avant 1198 (et il a en outre été démontré que Barberousse ne prit pas la route de l'Orient avant cette même année). Dans ces conditions, que pouvais-je lui faire faire entre 1160 et 1190 ? Pourquoi ne pas lui faire entamer ses explorations aussitôt après la divulgation de la lettre ? C'était un peu comme la question de l'ordinateur dans *Le Pendule de Foucault*.

Je fus donc obligé de l'occuper et de l'amener à constamment reporter son départ. Il me fallut inventer une série d'accidents pour finir par atteindre la fin du siècle. Mais c'est seulement ainsi que le roman parvient à créer – non seulement chez Baudolino, mais chez les lecteurs – l'Élan du Désir. Baudolino aspire à découvrir le royaume, mais doit continuellement remettre sa quête à plus tard. Le royaume du Prêtre Jean devient donc l'objet d'une attente impatiente de la part de Baudolino, et, j'espère, du lecteur aussi. Avantage des contraintes une fois de plus.

Écrire de gauche à droite

Double codage

Je n'appartiens pas à la clique des mauvais écrivains qui prétendent n'écrire que pour eux-mêmes. Tout ce qu'un auteur écrit pour lui-même, ce sont des listes de courses, qu'il peut jeter ses achats terminés. Tout le reste, même les listes de linge à laver, sont des messages adressés à quelqu'un d'autre. Ce ne sont pas des monologues, mais des dialogues.

Or, certains critiques ont estimé que mes romans présentent un aspect typiquement postmoderne, à savoir le double codage[1].

J'ai été conscient dès le début – et je l'ai dit dans *Apostille au « Nom de la rose »* – que, de quelque manière qu'on puisse définir le postmodernisme, le fait est que j'utilise au moins deux techniques postmodernes. L'une est l'ironie intertextuelle : des citations directes d'autres textes célèbres, ou des références plus ou moins transparentes à ces textes. La seconde est le métarécit : des réflexions du texte sur sa propre nature, où l'auteur s'adresse directement au lecteur.

---

1. Linda Hutcheon, « Eco's Echoes : Ironizing the (Post) Modern » (« Échos d'Eco : l'ironie sur le (post)moderne »), *in* Norma Bouchard and Veronica Pravadelli, eds., *Umberto Eco's Alternative*, New York, Peter Lang ; Brian McHale, *Constructing Post-Modernism*, London, Routledge ; Remo Ceserani, « Eco's (Post)modernist Fictions », *in* Bouchard and Pravadelli, *Umberto Eco's Alternative*.

Confessions d'un jeune romancier

Le « double codage » est l'emploi concurrent de l'ironie intertextuelle et d'un appel implicite au métarécit. L'expression a été créée par l'architecte Charles Jencks, pour qui l'architecture postmoderne « parle à deux niveaux à la fois : aux autres architectes, c'est-à-dire à une minorité concernée qui s'intéresse aux significations spécifiquement architecturales, et au public dans son ensemble, ou aux habitants du voisinage, qui s'intéressent à d'autres questions comme le confort, la construction traditionnelle et le mode de vie[1] ». Il précise sa définition en disant : « Le bâtiment ou l'œuvre d'art postmoderne s'adresse simultanément à un public minoritaire, à savoir une élite qui emploie des codes "élevés", et au public de masse qui emploie des codes populaires[2]. »

Permettez-moi de citer un exemple de double codage issu d'un de mes romans. *Le Nom de la rose* commence par expliquer comment l'auteur a découvert un texte remontant au Moyen Âge. C'est un cas flagrant d'ironie intertextuelle, car le topos (c'est-à-dire le lieu commun littéraire) du manuscrit redécouvert possède un

---

1. Charles A. Jencks, *The Language of Post-Modern Architecture* (« Le Langage de l'architecture post-moderne »), Wisbech, UK, Balding and Mansell, p. 6.
2. Charles A. Jencks, *What is Post-Modernism ?* (« Qu'est-ce que le postmodernisme ? »), Londres, Art & Design, pp. 14-15 ; cf. aussi Charles A. Jencks, éd., *The Post-Modern Reader* (« Le Lecteur postmoderne »), New York, St. Martin's.

Écrire de gauche à droite

pedigree vénérable. L'ironie est double, et constitue aussi une suggestion métanarrative, car le texte affirme que ce texte médiéval n'était accessible que sous forme d'une traduction du XIXe siècle du manuscrit original, ce qui justifie la présence dans l'histoire de certains éléments propres au roman néogothique. Les lecteurs naïfs ou de peu de culture ne peuvent apprécier le récit qui suit à moins d'avoir conscience de ce jeu de boîtes chinoises, de cette régression des sources, qui confèrent à l'histoire une aura d'ambiguïté.

Mais, si vous vous en souvenez, en haut de la page qui parle de la source médiévale, j'ai écrit : « Naturellement, un manuscrit ». Le mot « Naturellement » est là pour produire un effet particulier sur les lecteurs un peu plus cultivés que les autres, qui doivent percevoir qu'ils se trouvent confrontés à un topos littéraire, et que l'auteur révèle son « anxiété de l'influence », puisque (au moins pour les lecteurs italiens) il s'agit d'une référence intentionnelle au plus grand romancier italien du XIXe siècle, Alessandro Manzoni, qui commence son chef-d'œuvre *Les Fiancés* en affirmant que sa source est un manuscrit du XVIIe siècle. Combien de lecteurs du *Nom de la rose* ont-ils pu saisir les résonances ironiques de ce « Naturellement » ? Pas beaucoup, je le crains, car nombreux ont été ceux qui m'ont écrit pour me demander si le manuscrit existait réellement. Mais s'ils n'ont pas décelé l'allusion, ont-ils ensuite été capables d'apprécier le reste de l'histoire et d'en goûter la

Confessions d'un jeune romancier

saveur ? Je pense que oui. Tout ce qu'ils auront perdu est un clin d'œil parmi tant d'autres.

Je reconnais qu'en employant cette technique du double codage, l'auteur établit une sorte de complicité silencieuse avec le lecteur cultivé, et que celui qui ne l'est pas, faute de capter une allusion culturelle, peut avoir le sentiment que quelque chose lui échappe. Mais je ne crois pas que la littérature ait pour seul objectif de divertir et de consoler. Elle vise aussi à inciter et inspirer à lire le même texte deux fois, et parfois plusieurs fois, car le lecteur voudra mieux le comprendre. Voilà pourquoi je pense que le double codage n'a rien d'un tic aristocratique, mais constitue pour l'auteur une manière de manifester du respect pour l'intelligence et la bonne volonté du lecteur.

2

Auteur, texte et interprètes[1]

Il se produit parfois qu'un de mes traducteurs me pose la question suivante : «Je ne sais pas comment rendre ce passage, parce qu'il est ambigu. On peut le lire de deux façons différentes. Quelle était votre intention ?»

Selon les cas, j'ai trois réponses possibles :

1. C'est vrai. Je n'ai pas choisi la bonne expression. Éliminez toute méprise possible. J'en ferai autant dans la prochaine édition italienne.

2. J'ai délibérément cherché à être ambigu. Si vous lisez attentivement, vous verrez que cette ambiguïté oriente la façon dont le texte est lu. Merci de faire de

---

1. Une version de ce chapitre a fait l'objet d'une conférence intitulée « The Author and His Interpreters » (« L'Auteur et ses interprères) à l'Italian Academy for Advanced Studies in America, Columbia University, en 1996.

41

votre mieux pour conserver l'ambiguïté dans votre traduction.

3. Je ne me suis pas rendu compte que c'était
ambigu, et, honnêtement, ce n'était pas mon intention.
Mais en tant que lecteur, je trouve cette ambiguïté très
intrigante et féconde pour le développement du texte.
Merci de faire de votre mieux pour préserver cet effet
dans votre traduction.

Si j'étais mort depuis plusieurs années (conditionnel
contrefactuel qui a de bonnes chances de ne plus l'être
avant la fin de ce siècle), mon traducteur, en se
comportant comme un lecteur normal et l'interprète
de mes textes, aurait pu aboutir tout seul à une des
conclusions suivantes, qui en réalité correspondent à
mes réponses possibles :

1. Cette ambiguïté n'a aucun sens et ne fait que
compliquer la compréhension du texte par le lecteur.
L'auteur ne s'en est probablement pas rendu compte,
et le mieux est d'éliminer l'ambiguïté. *Quandoque
bonus dormitat Homerus* : « Quand le bon Homère est
endormi... parfois il fait oui de la tête. »

2. Il est probable que l'auteur se montre volontai-
rement ambigu, et le mieux est que je respecte sa déci-
sion.

3. Il est possible que l'auteur n'ait pas eu
conscience d'être ambigu. Mais du point de vue textuel, cet effet d'incertitude est riche en connotations

Auteur, texte et interprètes

et en sous-entendus très féconds pour la stratégie textuelle d'ensemble.

Ce que je voudrais souligner ici, c'est que ceux qu'on appelle les écrivains « créatifs » (et j'ai expliqué plus tôt ce que pouvait signifier ce terme malin) ne devraient jamais fournir d'interprétations de leurs œuvres. Un texte est une machine paresseuse qui exige de ses lecteurs qu'ils fassent une partie du travail ; autrement dit, un dispositif conçu pour susciter les interprétations (comme je l'ai écrit dans mon livre *Lector in fabula : le rôle du lecteur*[1]). Quand on a un texte à questionner, il est hors de propos d'interroger l'auteur. En même temps, le lecteur ne peut choisir n'importe quelle interprétation fondée simplement sur sa fantaisie : il doit s'assurer que le texte, d'une façon ou d'une autre, légitime et même encourage une lecture particulière.

Dans mon livre *Les Limites de l'interprétation*[2], je distingue entre l'intention de l'auteur, l'intention du lecteur et l'intention du texte.

En 1962, j'ai écrit *L'Œuvre ouverte*[3], un livre où je souligne le rôle actif de l'interprète dans la lecture de

---

1. Umberto Eco, *Lector in fabula*, trad. Myriem Bouzaher, Paris, Grasset.

2. Umberto Eco, *Les Limites de l'interprétation*, trad. Myriem Bouzaher, Paris, Grasset.

3. Umberto Eco, *L'Œuvre ouverte*, trad. Chantal Roux de Bézieux, Paris, Grasset.

Confessions d'un jeune romancier

textes doués d'une valeur esthétique. Quand j'ai publié ces pages, mes lecteurs se concentraient principalement sur la question de l'« ouverture », sous-estimant le fait que la lecture ouverte que j'encourageais constituait une activité suscitée par l'œuvre dans sa particularité et destinée à son interprétation. En d'autres termes, j'étudiais la dialectique entre les droits des textes et les droits de leurs interprètes. J'ai l'impression qu'au cours des récentes décennies, on a trop insisté sur les droits des interprètes.

Dans plusieurs de mes écrits, j'ai développé l'idée de la sémiose illimitée, que Charles Sanders Peirce a été le premier à formuler. Mais la notion de sémiose illimitée ne conduit pas à la conclusion que l'interprétation n'est fondée sur aucun critère. En premier lieu parce que l'interprétation illimitée concerne les systèmes, non les processus.

Soyons plus clair. Un système linguistique est un dispositif à partir duquel et au moyen duquel une infinité de fils linguistiques peuvent être produits. Si nous consultons un dictionnaire pour trouver la signification d'un mot, nous y découvrons des définitions et des synonymes – c'est-à-dire d'autres mots – et nous cherchons ces autres mots pour voir ce qu'ils signifient, si bien qu'à partir de leur définition nous pouvons passer à d'autres mots encore, et ainsi de suite, potentiellement *ad infinitum*. Un dictionnaire, comme le dit Joyce dans *Finnegans Wake*, est un livre écrit pour un lecteur

Auteur, texte et interprètes

idéal souffrant d'insomnie idéale. Un bon dictionnaire doit être circulaire : il doit dire ce que signifie le mot « chat » en utilisant des mots différents ; sinon, mieux vaudrait le refermer, montrer un chat et dire « Voilà ce que c'est qu'un chat ». C'est très facile, et nous avons tous reçu ce genre d'explication à maintes reprises au cours de notre enfance. Mais ce n'est pas ainsi que nous avons appris ce que signifiaient « dinosaure », ou « néanmoins », ou « Jules César », ou « liberté ».

À l'inverse, un texte, dans la mesure où il résulte de la manipulation des possibilités d'un système, n'est pas ouvert de la même façon. Quand on compose un texte, on réduit le champ des choix linguistiques possibles. Si l'on écrit « Jean mange un... », il est très vraisemblable que ce qui suivra sera un nom masculin, et que ce nom ne sera pas « escalier » (même si dans certains contextes ce pourrait être « poignard »). En réduisant la possibilité de générer des fils infinis, un texte réduit aussi la possibilité de tenter certaines interprétations. Dans le lexique français, le pronom « je » signifie « toute personne énonçant une phrase où "je" apparaît », et donc, conformément aux possibilités offertes par le dictionnaire, « je » peut se référer au président Lincoln, à Oussama Ben Laden, à Groucho Marx, à Nicole Kidman, et à chacun des milliards d'individus vivant dans le monde présent, passé ou futur. Mais dans une lettre signée de mon nom, « je » signifie « Umberto Eco », en dépit des objections opposées par

Confessions d'un jeune romancier

Jacques Derrida à John Searle[1] dans leur fameux débat sur la signature et le contexte.

Dire que les interprétations d'un texte sont potentiellement illimitées ne signifie pas que l'interprétation n'a pas d'objet, qu'il n'y a pas de chose existante (que ce soit un fait ou un texte) sur laquelle elle se focalise. Dire qu'un texte n'a potentiellement pas de fin ne signifie pas que tout acte d'interprétation peut avoir une fin heureuse. C'est pourquoi, dans *Les Limites de l'interprétation*, j'ai proposé une sorte de critère de falsifiabilité (inspiré du philosophe Karl Popper) : si difficile qu'il puisse être de décider si une interprétation est bonne ou laquelle de deux interprétations d'un même texte est la meilleure, il est toujours possible d'affirmer que telle ou telle interprétation est évidemment fausse, délirante ou pour le moins farfelue.

Selon certaines théories critiques contemporaines, la seule lecture fiable d'un texte est une lecture erronée, et un texte n'existe que par la vertu de la chaîne de réactions qu'il suscite. Mais cette chaîne de réactions représente les *usages* infinis que nous pouvons faire d'un texte (nous pourrions, par exemple, raviver le feu dans la cheminée en y jetant une bible plutôt qu'une

---

1. Cf. Jacques Derrida, *Limited Inc.*, Paris, Galilée ; John Searle, *Pour réitérer les différences : réponse à Jacques Derrida*, Paris, L'Éclat.

Auteur, texte et interprètes

bûche), et non l'ensemble des interprétations fondées sur des conjectures acceptables sur l'intention de ce texte.

Au demeurant, comment prouver qu'une conjecture sur l'intention d'un texte est acceptable ? La seule façon consiste à l'appliquer au texte pris comme un tout cohérent. C'est une idée ancienne, qui nous vient de saint Augustin (*De Doctrina christiana*) : toute interprétation d'une portion d'un texte peut être acceptée si elle est confirmée par une autre portion du même texte, et doit être rejetée dans le cas contraire. En ce sens, la cohérence textuelle interne contrôle les élans (autrement incontrôlables) du lecteur.

Prenons pour exemple un texte qui, par son intention et son programme, encourage les interprétations les plus audacieuses : *Finnegans Wake*. Dans les années soixante, la revue *A Wake Newslitter* a publié un débat sur les allusions historiques factuelles qu'on peut repérer dans *Finnegans Wake*, telles les références à l'Anschluss et aux accords de Munich signés en septembre 1938[1]. Pour réfuter ces interprétations, Nathan Halper souligne que le mot *Anschluss* possède aussi des sens quotidiens et sans rapport avec la politique

---

1. Cf. Philip L. Graham, « Late Historical Events », in *A Wake Newslitter* (octobre 1964), pp. 13-14 ; Nathan Halper, « Notes on Late Historical Events », in *A Wake Newslitter* (octobre 1965), pp. 15-16.

Confessions d'un jeune romancier

(comme « connexion » et « inclusion »), et que la lecture politique *n'est pas confirmée par le contexte*. Pour prouver combien il est facile de trouver à peu près ce qu'on veut dans *Finnegans Wake*, Halper choisit l'exemple de Beria. Pour commencer, au début de « The Tale of the Ondt and the Gracehoper », il prend l'expression « So vi et ! » et considère qu'on peut la relier à la société quasi communiste des fourmis. Une page plus tard, il note une allusion à un « berial », qui à première vue est une variante de *burial* (« enterrement »). Peut-il s'agir d'une référence au ministre soviétique Lavrenti Pavlovitch Beria ? Mais Beria était inconnu en Occident jusqu'au 9 décembre 1938, date de sa nomination à la tête du NKVD (avant cela, il n'était qu'un apparatchik mineur), et en décembre 1938 le manuscrit de Joyce était déjà chez l'imprimeur. Or le mot « berial » est déjà présent dans une version de 1929 publiée dans la revue *Transition 12*. La question semblait réglée en vertu des preuves extérieures, même si certains interprètes étaient prêts à attribuer à Joyce des pouvoirs prophétiques et donc la capacité de prédire l'ascension politique de Beria. C'est ridicule, mais les fanatiques de Joyce sont parfois capables de proférer les pires sottises.

Plus intéressantes sont les preuves internes, c'est-à-dire textuelles. Dans une parution ultérieure d'*A Wake Newslitter*, Ruth von Phul fait observer que « so vi et » pourrait aussi être compris comme une

Auteur, texte et interprètes

façon de dire « amen » (*so be it*, « ainsi soit-il ») chez les membres de certaines obédiences religieuses autoritaires ; que le contexte de ces pages n'est pas politique, mais biblique ; que l'Ondt déclare : « Aussi vaste que le royaume de Beppy, mon règne fleurira ! » ; que Beppy est un diminutif italien du prénom Joseph ; que « berial » pourrait être une allusion oblique au Joseph de l'Ancien Testament, le fils de Jacob et de Rachel, qui est figurativement « enterré » à deux reprises : dans le puits et en prison ; que Joseph a engendré Ephraïm, qui à son tour a engendré Beriah (Chroniques 23, 10) ; que le frère de Joseph, Asher, avait un fils appelé Beriah (Genèse 45, 30) ; et ainsi de suite[1].

Beaucoup des allusions « repérées » par Ruth von Phul sont tirées par les cheveux, mais il semble indéniable en effet que toutes les références de ces pages sont de nature biblique. Aussi la preuve textuelle exclut-elle aussi Lavrenti Pavlovitch Beria de l'œuvre de Joyce, et saint Augustin en aurait été d'accord.

Un texte est un dispositif conçu pour produire son Lecteur Modèle. Ce lecteur n'est pas une personne capable de poser une conjecture qui soit « la seule bonne » : au contraire, un texte peut prévoir un Lecteur Modèle ayant le droit de tenter des conjectures

---

1. Cf. Ruth von Phul, « Late Historical Events », in *A Wake Newslitter* (décembre 1965), pp. 14-15.

Confessions d'un jeune romancier

infinies. Le Lecteur Empirique est simplement un acteur qui édifie des conjectures sur le genre de Lecteur Modèle que postule le texte. Puisque l'intention du texte est fondamentalement de produire un Lecteur Modèle capable de bâtir des conjectures à son propos, la tâche du Lecteur Modèle consiste à imaginer un Auteur Modèle qui ne soit pas l'Auteur Empirique et qui, en dernière analyse, corresponde à l'intention du texte.

Reconnaître l'intention d'un texte, c'est reconnaître une stratégie sémiotique. Parfois, la stratégie sémiotique est décelable à partir des conventions stylistiques établies. Si une histoire commence par « Il était une fois », j'ai de bonnes raisons de penser qu'il s'agit d'un conte de fées et que le Lecteur Modèle évoqué et postulé est un enfant (ou un adulte désireux de réagir dans un esprit enfantin). Naturellement, ce « Il était une fois » peut aussi être ironique, auquel cas le texte qui suit doit faire l'objet d'une lecture plus subtile. Mais, même s'il est clair en lisant que c'est cette lecture plus subtile qui est demandée, l'important est que le texte a fait semblant de commencer comme un conte de fées.

Quand un livre est lancé dans le monde comme un message dans une bouteille – et ce n'est pas seulement vrai des romans ou de la poésie, mais aussi d'ouvrages comme la *Critique de la raison pure* d'Emmanuel Kant –, autrement dit quand il est produit non pour un seul destinataire mais pour une communauté de lecteurs,

Auteur, texte et interprètes

l'auteur sait qu'il sera interprété non selon ses intentions, mais selon une stratégie complexe d'interactions qui implique aussi les lecteurs et leur compétence dans leur propre langue, comprise comme un trésor social. Par « trésor social », je n'entends pas seulement une langue donnée avec son ensemble de règles grammaticales, mais toute l'encyclopédie que l'usage de cette langue a généré : les conventions culturelles et l'histoire des interprétations antérieures de ses nombreux textes, y compris celui que le lecteur tient dans ses mains.

L'acte de lire doit prendre en compte tous ces éléments, même s'il n'est guère vraisemblable qu'un seul lecteur puisse tous les maîtriser. Ainsi toute lecture est-elle une transaction complexe entre la compétence du lecteur (sa connaissance du monde) et le genre de compétence que postule un texte donné pour être lu de manière « économique », c'est-à-dire d'une manière qui augmente sa compréhension et le plaisir qu'il procure, avec le soutien du contexte.

Le Lecteur Modèle d'une histoire n'est pas le Lecteur Empirique. Le Lecteur Empirique, c'est vous, moi, n'importe qui, chaque fois que nous lisons un texte. Les Lecteurs Empiriques peuvent lire de nombreuses façons, et il n'y a pas de loi pour leur dire comment lire, car ils se servent souvent du texte comme d'un véhicule pour leurs propres passions, qui peuvent venir

Confessions d'un jeune romancier

de l'extérieur du texte ou que celui-ci peut exciter par hasard.

Permettez-moi de décrire quelques situations amusantes où un de mes lecteurs s'est comporté en Lecteur Empirique et non en Lecteur Modèle. Un de mes amis d'enfance, que je n'avais pas vu depuis des années, m'a écrit après la publication de mon deuxième roman, *Le Pendule de Foucault* : « Cher Umberto, je ne me rappelle pas t'avoir raconté la triste histoire de mon oncle et de ma tante, mais je trouve que tu as été très indiscret de t'en servir dans ton roman. » Il est vrai que dans mon livre, je raconte quelques épisodes mettant en scène un certain oncle Charles et une certaine tante Catherine, qui, dans l'histoire, sont l'oncle et la tante du protagoniste, Jacopo Belbo. Il est vrai aussi que ces deux personnes ont réellement existé. Avec quelques altérations, j'ai raconté une histoire de mon enfance où intervenaient un oncle et une tante à moi, qui portaient bien sûr d'autres prénoms que ceux des personnages. J'ai répondu à mon ami en lui disant qu'oncle Charles et tante Catherine étaient de *ma* parentèle et non de la sienne (et que donc le *copyright* m'appartenait), et que d'ailleurs je ne savais même pas qu'il avait un oncle et une tante. Mon ami s'excusa : il s'était tant passionné pour l'histoire qu'il avait cru y reconnaître des choses qui étaient arrivées à son oncle et à sa tante. Ce qui n'est pas impossible, car en temps de guerre (l'époque

Auteur, texte et interprètes

où remontent mes souvenirs), des malheurs similaires peuvent frapper différents oncles et différentes tantes.

Qu'était-il arrivé à mon ami ? Il avait cherché dans mon histoire quelque chose qui se trouvait en réalité niché dans ses souvenirs personnels. Au lieu d'interpréter mon texte, il s'en était *servi*. Il n'est pas interdit de se servir d'un texte pour rêver et, tous autant que nous sommes, nous le faisons fréquemment ; mais ce n'est pas une affaire publique. Se servir d'un texte de cette façon, c'est s'y mouvoir comme s'il s'agissait de notre journal intime.

Le jeu comporte certaines règles, et le Lecteur Modèle est celui qui est prêt à les appliquer. Mon ami avait oublié le nom du jeu et superposé ses propres attentes de Lecteur Empirique aux attentes que l'auteur espérait d'un Lecteur Modèle.

Au chapitre 115 du *Pendule de Foucault*, mon héros, Casaubon, dans la nuit du 23 au 24 juin 1984, vient d'assister à une cérémonie occultiste au Conservatoire des arts et métiers à Paris et descend comme un possédé toute la rue Saint-Martin, traversant la rue aux Ours pour arriver au parvis du Centre Beaubourg et continuant jusqu'à l'église Saint-Merry. Ensuite, ses pas l'entraînent vers d'autres rues, dont toutes sont nommées dans mon livre, avant d'arriver à la place des Vosges.

Comme je l'ai déjà dit, pour écrire ce chapitre, j'ai suivi le même itinéraire plusieurs nuits de suite, un

Confessions d'un jeune romancier

dictaphone à la main, notant ce que je voyais et les impressions que je ressentais. (Ici, je révèle ma méthode d'Auteur Empirique). De surcroît, comme je disposais d'un programme informatique qui me montrait l'aspect du ciel à n'importe quelle heure, n'importe quelle année et à n'importe quelle latitude ou longitude, j'ai même découvert que cette nuit-là était une nuit de lune, et que mon personnage pouvait la voir de divers endroits, à divers moments de son errance. Si j'ai fait tout cela, ce n'était pas pour imiter le réalisme d'un Zola, mais (comme je l'ai dit plus haut) parce que j'aime avoir devant moi la scène que je décris dans mon récit.

Après la publication du roman, j'ai reçu une lettre d'un homme qui s'était de toute évidence rendu à la Bibliothèque nationale pour lire tous les journaux du 24 juin 1984. Il avait découvert qu'au coin de la rue Réaumur – que je n'avais pas nommée, mais qui croise en effet la rue Saint-Martin –, peu après minuit, c'est-à-dire à peu près à l'heure où Casaubon passe à cet endroit, un incendie s'était déclaré, et un grand incendie qui plus est, puisque la presse en faisait état. Comment se pouvait-il, me demandait ce lecteur, que mon personnage ne l'eût pas remarqué ?

Je lui répondis que Casaubon avait certainement vu le feu, mais n'en avait pas parlé pour une raison mystérieuse et inconnue de moi, ce qui était assez vraisemblable dans une histoire aussi riche en mystères vrais

Auteur, texte et interprètes

ou faux. Je ne doute pas que mon lecteur s'efforce toujours de comprendre pourquoi Casaubon a gardé le silence sur ce feu et suspecte un autre complot des chevaliers du Temple. La vérité est que je ne suis probablement pas passé par ce croisement à minuit, mais que j'y suis arrivé juste avant le début de l'incendie ou juste après son extinction. Je ne sais pas. Je sais seulement que mon lecteur se servait de mon texte pour son propre dessein : il voulait qu'il correspondît dans tous ses détails à ce qui s'était produit dans le monde réel.

Maintenant, une autre histoire qui concerne cette même nuit. La différence est que, dans le cas que je viens d'évoquer, un lecteur tatillon voulait que mon histoire correspondît au monde réel, alors que dans celui qui suit des lecteurs voulaient que le monde réel correspondît à ma fiction, ce qui est un peu différent et plus gratifiant.

Deux étudiants de l'École des beaux-arts de Paris vinrent me montrer un album de photographies dans lequel ils avaient reconstruit tout l'itinéraire emprunté par Casaubon. Ils l'avaient suivi en photographiant tous les lieux que j'avais mentionnés, un par un, à la même heure. À la fin du chapitre 115, Casaubon sort des égouts de la ville et entre par la cave dans un bar asiatique rempli de clients en sueur, de fûts de bière et de brochettes graisseuses. Mes étudiants avaient retrouvé ce bar et l'avaient pris en photo. Il va sans

Confessions d'un jeune romancier

dire que l'endroit était de mon invention, même si je l'avais dessiné en pensant aux nombreux pubs de ce quartier ; mais ces deux garçons avaient, sans doute possible, retrouvé le bar décrit dans mon livre. Je le répète : ils n'avaient pas superposé leur devoir de Lecteurs Modèles à la préoccupation du Lecteur Empirique, dont la démarche consiste à vérifier si mon roman décrit le Paris réel. Ils voulaient plutôt transformer le Paris « réel » en un lieu qui existait dans mon livre. En fait, de tout ce qu'ils pouvaient voir à Paris, ils n'avaient retenu que les aspects correspondant aux descriptions fournies par mon texte.

Quand bien même je croyais l'avoir simplement imaginé, ce bar existait dans *Le Pendule de Foucault*. Au vu de sa présence, l'intention du Lecteur Empirique devient hors de propos. Il est fréquent que les auteurs disent des choses dont ils n'ont pas conscience ; et c'est seulement après avoir reçu les réactions de leurs lecteurs qu'ils découvrent ce qu'ils ont dit.

Il est cependant un cas où il peut être éclairant de se pencher sur les intentions du Lecteur Empirique. C'est celui où l'auteur est encore vivant, où les critiques ont proposé leurs interprétations du texte et où l'on peut demander à l'auteur, en tant que personne empirique, dans quelle mesure il était conscient des multiples interprétations auxquelles son texte se prêtait. Dès lors, sa réponse ne doit pas servir à valider les interprétations

Auteur, texte et interprètes

du texte, mais à montrer les disparités entre ses intentions et l'intention du texte. Le but de l'expérience n'est pas critique, mais théorique.

Enfin, il y a le cas où l'auteur est aussi un théoricien des textes. Dans ce cas, il peut répondre de deux façons différentes. Sa réponse peut être : « Ce n'est pas ce que j'ai voulu dire, mais je dois reconnaître que le texte le dit et je remercie le lecteur de me l'avoir fait comprendre » ; ou : « Indépendamment du fait que ce n'est pas ce que j'ai voulu dire, je pense qu'un lecteur raisonnable ne devrait pas accepter une telle interprétation, parce qu'elle n'est pas économique ».

Abordons maintenant quelques cas où, en tant qu'Auteur Empirique, j'ai dû me rendre aux raisons d'un lecteur qui collait à l'intention du texte.

Dans *Apostille au « Nom de la rose »*, j'ai dit que j'avais ressenti un frisson de satisfaction en lisant une recension qui citait un mot de Guillaume de Baskerville à la fin du procès, dans le chapitre « Cinquième jour, none ». « Qu'est-ce qui vous effraie le plus dans la pureté ? », lui demande Adso. William lui répond : « La hâte. » J'aimais beaucoup (et j'aime toujours beaucoup) ces deux phrases. Mais un lecteur m'a fait observer que sur la même page, Bernard Gui, en menaçant le cellérier de torture, déclare : « La justice n'agit pas avec hâte, comme croyaient les pseudo-apôtres, et celle de Dieu a les siècles à sa disposition. » Le lecteur

Confessions d'un jeune romancier

m'a justement demandé quelle connexion j'avais voulu établir entre la hâte redoutée par Guillaume et l'absence de hâte vantée par Bernard. J'ai été dans l'incapacité de lui répondre.

À vrai dire, cet échange entre Adso et Guillaume n'existe pas dans le manuscrit original : si j'ai ajouté ce bref dialogue sur épreuves, c'est parce que, pour des raisons d'équilibre et de rythme, j'avais besoin de quelques lignes avant de laisser la place à Bernard. Et j'ai complètement oublié qu'un peu plus loin, Bernard parlait lui aussi de hâte. Il emploie une expression stéréotypée, le genre de mots qu'on attend d'un juge : un lieu commun comme « La loi est la même pour tous », la phrase qu'on lit dans les tribunaux italiens. Malheureusement, juxtaposée à la hâte mentionnée par Guillaume, celle dont parle Bernard donne l'impression qu'il profère quelque chose de substantiel et non une formule convenue ; et le lecteur est fondé à se demander si les deux hommes disent la même chose, ou si la haine de la hâte exprimée par Guillaume n'est pas imperceptiblement différente de la haine de la hâte exprimée par Bernard. Le texte est là, et produit son effet. Que je l'aie voulu ou non, nous nous trouvons confrontés à une question, à une ambiguïté provocante ; et pour ma part, je ne saurais comment résoudre ce conflit, même si j'ai conscience qu'il se cache là une signification (voire plusieurs significations).

Auteur, texte et interprètes

Un romancier qui a intitulé son livre *Le Nom de la rose* doit s'attendre à de multiples interprétations de ce titre. En tant qu'Auteur Empirique, j'ai écrit (dans *Apostille*) que si j'avais choisi ce titre, c'était justement pour laisser toute liberté au lecteur : « La rose est une figure symbolique si riche en significations diverses qu'il ne lui reste pratiquement plus aucune signification : la rose mystique de Dante et "Go, lovely rose", la guerre des Deux-Roses, "Rose, thou art sick", "Too many rings around Rosie", "a rose by many other names", "a rose is a rose is a rose is a rose", les Rose-Croix… »

Au surplus, un chercheur a découvert que certains manuscrits anciens du *De Contemptu Mundi* de Bernard de Morlay – auquel j'ai emprunté l'hexamètre qui clôt mon roman : *Stat rosa pristina nomine, nomina nuda tenemus* (« La rose des origines n'existe plus que par son nom, et nous n'en conservons plus que des noms vides ») – disaient *Stat* Roma *pristina nomine*, ce qui, somme toute, semble plus en accord avec le reste du poème et ses allusions à la Babylone perdue. En sorte que le titre de mon roman, si j'étais tombé sur une autre version du poème de Morlay, aurait pu être *Le Nom de Rome* (et acquérir ainsi des résonances fascistes).

Mais le titre est *Le Nom de la rose*, et je comprends maintenant combien il est difficile de couper court aux connotations infinies que le mot « rose » suggère. Peut-être ai-je voulu multiplier les lectures possibles au point

59

Confessions d'un jeune romancier

que chacune d'elles devînt hors de propos, et s'est-il ensuivi que j'ai produit une immense et incontournable série d'interprétations. Pour autant, le texte circule désormais dans le monde, et l'Auteur Empirique doit garder le silence.

Quand j'ai donné à un des principaux personnages du *Pendule de Foucault* le nom de Casaubon, je pensais à Isaac Casaubon, qui, en 1614, a démontré que le *Corpus hermeticum* était un faux ; et en lisant *Le Pendule de Foucault*, ont peut observer certains parallèles entre ce qu'avait compris ce grand philologue et ce que mon personnage finit par comprendre. J'étais conscient que peu de lecteurs saisiraient l'allusion, mais conscient aussi qu'en termes de stratégie textuelle, cette connaissance n'était pas indispensable. (J'entends par là qu'on peut lire mon roman et comprendre mon Casaubon sans rien savoir du Casaubon historique. Beaucoup d'auteurs se plaisent à introduire des schibboleths dans leurs textes, pour le plaisir de quelques lecteurs expérimentés.) Avant de terminer mon roman, j'ai découvert par hasard que Casaubon était aussi un personnage du *Middlemarch* de George Eliot, un roman que j'avais lu quelques décennies plus tôt et dont je ne me souvenais plus. En l'occurrence, je me suis efforcé en tant qu'Auteur Modèle d'éliminer toute référence possible à George Eliot. Au chapitre 10, la traduction

Auteur, texte et interprètes

anglaise contient donc l'échange suivant entre Belbo et Casaubon :

« À propos, quel est votre nom ?
— Casaubon.
— Casaubon. Est-ce que ce n'est pas un personnage de *Middlemarch* ?
— Je ne sais pas. Il y avait aussi un philologue de la Renaissance qui portait ce nom, mais nous n'avons pas de lien de parenté. »

J'ai fait de mon mieux pour éviter ce qui me semblait une référence inutile à la romancière britannique. C'est alors qu'un lecteur futé, David Robey, m'a fait observer que le Casaubon de George Eliot écrivait un livre intitulé *Une clef pour toutes les mythologies*. En tant que Lecteur Modèle, je me suis senti obligé d'accepter cette association. Le texte, additionné de connaissances encyclopédiques, permet au lecteur cultivé de repérer cette connexion. Elle est sensée. Tant pis pour l'Auteur Empirique qui est moins malin que ses lecteurs.

Dans le même ordre d'idées, mon roman s'intitule *Le Pendule de Foucault* parce que le pendule dont il parle a été inventé par Léon Foucault. Si l'appareil avait été inventé par Benjamin Franklin, le titre aurait été *Le Pendule de Franklin*. Cette fois, j'étais conscient d'emblée que certains pourraient flairer une allusion à Michel Foucault : mes personnages sont obsédés par

61

Confessions d'un jeune romancier

les analogies, et Foucault a écrit sur le paradigme de la similarité. En tant qu'Auteur Empirique, je n'étais pas satisfait de cette association possible : elle faisait l'effet d'une plaisanterie, et d'une plaisanterie pas très intelligente. Mais le pendule inventé par Léon était le héros de mon histoire et déterminait le titre ; aussi espérais-je que mon Lecteur Modèle ne tenterait pas une connexion superficielle avec Michel. J'avais tort : beaucoup de lecteurs malins l'ont établie. Le texte est là. Peut-être ont-ils raison, peut-être suis-je responsable d'une plaisanterie superficielle, ou peut-être la plaisanterie est-elle moins superficielle qu'il y paraît. Je ne sais pas. Désormais, tout cela échappe à mon contrôle.

À présent, examinons d'autres cas : ceux où, même si j'ai peut-être oublié mes intentions initiales tout en me comportant en Lecteur Modèle et en vérifiant mon texte, je me sens le droit, comme tout être humain, de refuser des interprétations qui ne me semblent pas économiques.

Elena Kostukovich, avant de traduire (avec maestria) *Le Nom de la rose* en russe, a écrit un long essai sur le livre[1]. Elle y mentionne un ouvrage d'Émile Henriot intitulé *La Rose de Bratislava* (1946), qui parle de la

---

1. Elena Kostukovitch, « Umberto Eco : Imja Rosi », in *Sovriemiennaja hodoziestviennaja litieratura za rubiezom*, 5 (1982), p. 191 sqq.

Auteur, texte et interprètes

quête d'un mystérieux manuscrit et s'achève par l'incendie d'une bibliothèque. L'histoire se passe à Prague, et au début de mon roman il se trouve que je mentionne Prague. De surcroît, un de mes bibliothécaires se nomme Bérenger et un des bibliothécaires du livre d'Henriot s'appelle Berngard.

Je n'avais jamais lu le roman d'Henriot et j'ignorais jusqu'à son existence. Certes, j'ai lu des interprétations où mes critiques produisent des sources que je connais, et j'ai été ravi qu'ils découvrent avec tant d'astuce ce que j'avais astucieusement caché pour qu'ils le repèrent : par exemple, le fait que Serenus Zeitblom et Adrian Leverkühn, dans le *Doktor Faustus* de Thomas Mann, ont servi de modèle à la relation entre Adso et Guillaume dans *Le Nom de la rose*. Mais des lecteurs m'ont aussi indiqué des sources dont je n'avais jamais entendu parler, et j'ai été aux anges qu'on me crût assez érudit pour les citer. (Ainsi, récemment, un jeune médiéviste m'a-t-il informé qu'un bibliothécaire aveugle était mentionné par Cassiodore au VIᵉ siècle de notre ère.) J'ai également lu des analyses critiques où l'interprète me découvrait des influences auxquelles je n'avais pas pensé en écrivant, mais que j'avais certainement connues dans ma jeunesse et qui, de toute évidence, avaient guidé ma main sans en avoir conscience. Par exemple, mon ami Giorgio Celli m'a fait observer que mes lectures d'autrefois avaient dû

Confessions d'un jeune romancier

inclure les romans de l'écrivain symboliste Dmitry Merezhovsky, et je me suis aperçu qu'il avait raison.

En tant que lecteur ordinaire du *Nom de la rose* (laissons de côté le fait que j'en suis l'auteur), je pense, pour tout dire, que les arguments d'Elena Kostukovitch ne prouvent rien d'intéressant. La quête d'un manuscrit mystérieux et la destruction d'une bibliothèque par le feu sont des topoi littéraires très communs, et je pourrais citer de nombreux autres livres fondés sur les mêmes. Prague est mentionnée au début du roman, mais si au lieu de Prague j'avais parlé de Budapest, ç'aurait été la même chose. Prague ne joue pas un rôle important dans l'histoire.

À ce propos, quand *Le Nom de la rose* a été traduit dans un certain pays du bloc de l'Est, bien avant la perestroïka, le traducteur m'a appelé pour me dire que l'allusion, au début du roman, à l'invasion de la Tchécoslovaquie par la Russie pouvait poser des problèmes. Je lui ai répondu que je n'approuverais aucun changement dans mon texte, et que, s'il était censuré d'une manière ou d'une autre, j'en tiendrais l'éditeur pour responsable. Puis, sur le mode de la plaisanterie, j'ajoutai : « Je mentionne Prague au début parce que Prague est une de mes villes magiques. Mais Dublin en est une autre. Mettez "Dublin" à la place de "Prague", ça ne fait aucune différence. » Le traducteur protesta : « Mais Dublin n'a pas été envahie par les Russes ! » Je répondis : « Ce n'est pas ma faute. »

Auteur, texte et interprètes

Quant aux prénoms « Bérenger » et « Berngard », ils pouvaient fort bien résulter d'une coïncidence. Certes, le Lecteur Modèle doit reconnaître que les quatre coïncidences – le manuscrit, le feu, Prague et le prénom Bérenger – ne manquent pas d'intérêt. Et en tant qu'Auteur Empirique, je n'ai pas le droit d'objecter. Au demeurant, je suis récemment tombé sur un exemplaire du roman d'Henriot et j'ai découvert que le nom de son bibliothécaire n'était pas Berngard, mais Bernhard. Bernhard Marr. Kostukovitch s'est probablement fondée sur une édition russe où la trans- littération en cyrillique était mal faite. Reste qu'au moins une des curieuses coïncidences est éliminée, et mon Lecteur Modèle peut se détendre un peu.

Mais Elena Kostukovitch ne s'est pas bornée à ces remarques pour établir des parallèles entre mon livre et celui d'Henriot. Elle écrit que dans ce dernier, le manuscrit convoité est l'original des *Mémoires* de Casa- nova. Il se trouve que dans mon roman, on rencontre un personnage secondaire appelé Hugues de Novocas- trum (dans l'original italien, Ugo di Novocastro ; dans la traduction anglaise, Hugh of Newcastle). Kostuko- vitch conclut que « c'est seulement en passant d'un nom à un autre qu'il est possible de concevoir le nom de la rose ».

En tant qu'Auteur Empirique, je pourrais rétorquer qu'Hugues de Novocastrum n'est pas de mon inven- tion, mais qu'il s'agit d'un personnage médiéval cité

Confessions d'un jeune romancier

dans les sources dont je me suis servi, un théologien anglais : l'épisode de la rencontre entre la légation franciscaine et les représentants du pape est inspiré d'une chronique du XIVe siècle. Mais on ne peut attendre du lecteur qu'il en soit informé, et ma réaction ne peut être prise en compte. Il me semble cependant que j'ai le droit d'exprimer mon opinion en tant que lecteur ordinaire. Pour commencer, ni « Novocastrum » ni « Newcastle » ne sont une traduction de « Casanova », qu'il faudrait traduire par « Newhouse ». (Étymologiquement, le sens du nom latin *Novocastrum* est « Nouvelle Ville » ou « Nouveau Camp ».) En sorte que « Novocastrum » – de même que « Newcastle » – ne fait ni plus ni moins penser à « Casanova » qu'à « Newton ».

Mais il y a d'autres éléments pour prouver textuellement que l'hypothèse de Kostukovitch n'est pas économique. D'abord, Hugues de Novocastrum n'apparaît dans le roman que pour y jouer un rôle très marginal, et il n'a rien à voir avec la bibliothèque. Si le texte avait voulu suggérer une relation pertinente entre Hugues et la bibliothèque (de même qu'entre lui et le manuscrit), il aurait été plus explicite. Or, le texte n'en dit rien. Ensuite, Casanova – au moins selon la vulgate culturelle et encyclopédique – était un séducteur professionnel et un libertin, alors que rien dans le roman ne vient jeter le soupçon sur la vertu d'Hugues de Novocastrum. Enfin, il n'existe aucune connexion évidente entre un

Auteur, texte et interprètes

manuscrit de Casanova et un manuscrit d'Aristote, et nulle part le roman ne parle du libertinage comme d'un comportement louable. En tant que Lecteur Modèle de mon propre roman, je me sens habilité à dire que chercher un lien avec Casanova ne mène strictement à rien.

Une fois, au cours d'un débat, un lecteur me demanda ce que j'entendais par la phrase : « le suprême bonheur consiste à avoir ce que l'on a ». Déconcerté, je déclarai que je n'avais jamais rien écrit de tel. J'en étais sûr, et pour plusieurs raisons. D'abord, je ne pense pas que le bonheur consiste à avoir ce que l'on a : même Snoopy ne souscrirait pas à une telle banalité. Ensuite, il n'est guère vraisemblable qu'un personnage du Moyen Âge pense que le bonheur consiste à avoir ce qu'il a, car, dans l'esprit médiéval, le bonheur est un état futur qu'on atteint par les souffrances présentes. Je répétai donc que je n'avais jamais écrit cette phrase, et mon interlocuteur me regarda comme si j'étais incapable de reconnaître ce dont j'étais moi-même l'auteur.

Plus tard, je suis tombé sur la phrase en question. Elle apparaît dans *Le Nom de la rose*, au cours de la description de l'extase érotique d'Adso dans la cuisine du monastère. Cet épisode, comme le plus benêt de mes lecteurs peut aisément le deviner, est entièrement rédigé à partir de citations tirées du *Cantique des cantiques* et des mystiques médiévaux. Et même sans identifier les sources, le lecteur sait bien que ces pages

Confessions d'un jeune romancier

décrivent les sentiments d'un jeune homme après sa première (et probablement dernière) expérience sexuelle. Si l'on relit la phrase dans son contexte (je veux dire le contexte du roman, non pas nécessairement celui des sources médiévales), on trouve : « Ô Seigneur, quand l'âme est transportée, la seule vertu est de voir ce que l'on voit ; le suprême bonheur est d'avoir ce que l'on a. » Partant, si « le bonheur consiste à avoir ce que l'on a », ce n'est pas en général, à tous les moments de la vie, mais seulement au moment de la vision extatique. Voilà un cas où il n'est pas nécessaire de connaître l'intention de l'Auteur Empirique : celle du texte est patente. Et si, en anglais, les mots ont un sens conventionnel, le sens réel du texte n'est pas celui que ce lecteur – obéissant à quelque impulsion idiosyncratique – a cru qu'il voulait véhiculer. Entre l'intention inatteignable de l'auteur et l'intention défendable du lecteur, il y a l'intention transparente du texte, qui réfute les interprétations indéfendables.

J'ai pris plaisir à la lecture d'un beau livre de Robert F. Fleissner, *A Rose by Another Name : A Survey of Literary Flora from Shakespeare to Eco* (« Une rose sous un autre nom : un survol de la flore littéraire de Shakespeare à Eco »), et j'espère que Shakespeare aurait été fier de trouver son nom associé au mien. Fleissner, en étudiant les différents liens qu'il a identifiés entre ma rose et toutes celles de la littérature

Auteur, texte et interprètes

mondiale, soulève un point intéressant : il désire montrer « comment la rose d'Eco dérive du *Traité naval* de Conan Doyle, qui pour sa part doit beaucoup à l'admiration manifestée par Cuff pour cette fleur dans *La Pierre de lune* de Wilkie Collins[1] ».

Je suis un fanatique des romans de Wilkie Collins, mais je ne me rappelle pas (et je ne me suis certainement pas rappelé en écrivant mon roman) que le personnage de Cuff ait une passion pour les roses. Et je pense avoir lu tout Conan Doyle de bout en bout, mais j'avoue n'avoir aucun souvenir du *Traité naval*. Peu importe : dans mon roman, il y a tant de références explicites à Sherlock Holmes que mon texte peut soutenir cette connexion supplémentaire. Mais en dépit de toute mon ouverture d'esprit, il me semble que Fleissner tombe dans la surinterprétation quand, en tentant de démontrer combien mon Guillaume de Baskerville « fait écho » à l'admiration de Holmes pour les roses, il cite ce passage de mon livre : « "Frangula", dit soudain Guillaume, en se penchant pour observer une plante qu'en ce jour d'hiver il avait reconnue à ses ronces nues. On fait une bonne infusion avec l'écorce. »

Il est curieux que Fleissner interrompe sa citation après le mot « écorce ». Celui-ci est suivi d'une virgule,

---

1. Cf. Robert L. Fleissner, *A Rose by Another Name : A Survey of Literary Flora from Shakespeare to Eco*, West Cornwall, UK, Locust Hill Press, p. 139.

Confessions d'un jeune romancier

après laquelle mon texte continue et précise : « contre les hémorroïdes ». Honnêtement, je pense que le Lecteur Modèle n'est pas invité à prendre « frangula » pour une allusion aux roses.

Giosuè Musca est l'auteur d'une analyse critique du *Pendule de Foucault* que je considère comme une des meilleures que j'ai lues[1]. Mais il reconnaît d'emblée avoir été contaminé par l'habitude qu'ont mes personnages de chercher des analogies et part à la pêche aux connexions. Il souligne magistralement des citations et des analogies stylistiques visibles par ultraviolets et dont je voulais qu'elles fussent découvertes ; il trouve d'autres liens auxquels je n'avais pas pensé, mais qui s'avèrent très convaincants ; et il joue le rôle d'un lecteur paranoïaque en repérant d'autres connexions encore, dont j'avoue qu'elles me stupéfient mais que je suis dans l'incapacité d'infirmer, même si je sais qu'elles peuvent induire le lecteur en erreur. Par exemple, il apparaît que le nom de l'ordinateur, Aboulafia, associé aux noms des principaux personnages, Belbo, Casaubon et Diotallevi, donne les initiales ABCD. Inutile de dire que jusqu'à l'achèvement du manuscrit, l'ordinateur avait un nom différent : les lecteurs pourront objecter que si je l'ai changé, c'était

---

1. Giosuè Musca, « La camicia del nesso », in *Quaderni Medievali*, 27.

Auteur, texte et interprètes

parce que inconsciemment je désirais aboutir à une série alphabétique. Musca remarque aussi que Jacopo Belbo est amateur de whisky ; or, ses initiales sont curieusement JB. Inutile de préciser que tout au long du processus d'écriture, son prénom n'était pas Jacopo mais Stefano, et que je n'ai opté pour Jacopo qu'au dernier moment. Pourtant, la vérité est qu'il n'y a aucune allusion au whisky J&B.

Les seules objections que je puisse élever en tant que Lecteur Modèle de mon livre sont (1) que la série alphabétique ABCD est textuellement sans intérêt si les noms des autres personnages ne la continuent pas jusqu'à X, Y, Z ; (2) que Belbo boit aussi des martinis et que, de surcroît, son léger alcoolisme n'est en rien le trait le plus marquant de son caractère.

En revanche, je suis d'accord avec mon lecteur quand il observe aussi que Cesare Pavese, un écrivain que j'ai beaucoup aimé et que je continue d'aimer beaucoup, est né dans un village appelé Santo Stefano Belbo et que mon Belbo, un Piémontais mélancolique, rappelle par certains côtés Pavese. C'est vrai (bien que mon Lecteur Modèle ne soit pas censé savoir ce détail) que j'ai passé mon enfance sur les bords d'une rivière appelée le Belbo, où j'ai vécu certaines des épreuves que j'ai attribuées à Jacopo Belbo. Certes, tout cela s'est produit bien longtemps avant ma découverte de Cesare Pavese, et j'ai donc changé le nom original de Stefano Belbo pour Jacopo Belbo afin d'éviter tout lien

Confessions d'un jeune romancier

flagrant avec ce romancier. Mais ce n'était pas assez, si bien que mon lecteur a eu raison de trouver une connexion entre Pavese et Jacopo Belbo. Il l'aurait d'ailleurs probablement établie même si j'avais donné à Belbo n'importe quel autre prénom.

Je pourrais énumérer nombre d'autres exemples de ce genre, mais j'ai choisi de ne mentionner que les cas les plus flagrants. J'ai écarté d'autres cas plus complexes, car je risquais de m'enfoncer trop profondément dans des problèmes d'interprétation esthétique et philosophique. Vous aurez constaté, j'espère, que je n'ai introduit l'Auteur Empirique dans le jeu que pour souligner son absence de pertinence et réaffirmer les droits du texte.

En approchant de la fin de ces remarques, il me semble toutefois que j'ai manqué de générosité à l'égard de l'Auteur Empirique. Il est au moins un cas où son témoignage remplit une fonction importante : non en permettant aux lecteurs de mieux comprendre ses textes, mais en les aidant à comprendre le cours imprévisible de tout processus de création. Comprendre le processus de création signifie aussi comprendre comment certaines solutions textuelles adviennent par sérendipité ou à la suite de mécanismes inconscients. Cela nous aide à comprendre la différence entre la stratégie du texte – cet objet linguistique que les Lecteurs Modèles ont devant les yeux et qui leur permet des

Auteur, texte et interprètes

jugements indépendants des intentions de l'Auteur Empirique – et l'histoire de l'évolution de ce texte.

Certains des exemples que j'ai proposés peuvent fonctionner dans ce sens. Qu'on me permette d'en ajouter deux autres, assez curieux, qui présentent un trait particulier : ils ne concernent que ma vie personnelle et n'ont aucun support textuel détectable. Ils ne présentent aucune pertinence pour l'interprétation, et disent seulement comment un texte, qui est un dispositif conçu pour susciter des interprétations, sourd parfois d'un magma profond qui n'a rien à voir – ou rien à voir encore – avec la littérature.

Première histoire. Dans *Le Pendule de Foucault*, le jeune Casaubon est amoureux d'une belle Brésilienne prénommée Amparo. Giosuè Musca, non sans quelque malice, établit un lien avec le physicien André-Marie Ampère, qui a étudié la force magnétique entre les courants électriques. Trop subtil. À vrai dire, je ne savais pas pourquoi j'avais choisi ce prénom. J'étais conscient qu'il n'était pas brésilien, et j'ai donc décidé d'écrire (au chapitre 23) : « Je n'ai jamais compris comment il se faisait qu'Amparo, descendante de colons hollandais de Recife qui s'étaient mariés avec des Indiens et des Noirs du Soudan – avec son visage de Jamaïcaine et sa culture parisienne –, se trouvât porter un prénom espagnol. » En d'autres termes, j'ai choisi le prénom « Amparo » comme s'il venait de l'extérieur de mon roman.

Confessions d'un jeune romancier

Des mois après la publication du livre, un ami m'a demandé : « Pourquoi "Amparo" ? Est-ce que ce n'est pas le nom d'une montagne, ou d'une fille qui regarde une montagne ? » Puis il m'expliqua : « Il y a une chanson, *Guajira Guantanamera*, qui cite un nom comme "Amparo". » Mon Dieu. Je connaissais très bien cette chanson, même si je ne m'en rappelais pas un mot. Au milieu des années cinquante, une jeune fille dont j'étais amoureux la chantait. Elle était latino-américaine et très belle. Elle n'était ni brésilienne, ni marxiste, ni noire, ni hystérique comme Amparo ; mais il est clair qu'en inventant une charmante Latino-Américaine, j'avais inconsciemment pensé à cette autre image de ma jeunesse, du temps où j'avais l'âge de Casaubon. J'avais pensé à cette chanson, et d'une manière ou d'une autre le prénom « Amparo », que j'avais complètement oublié, avait migré de mon inconscient sur la page. Cette histoire n'a aucune pertinence pour l'interprétation du roman. Pour ce qui regarde le texte, Amparo est Amparo qui est Amparo qui est Amparo.

Seconde histoire. Ceux qui ont lu *Le Nom de la rose* savent que le livre parle d'un mystérieux manuscrit, que cet ouvrage perdu est le second livre de la *Poétique* d'Aristote, que ses pages sont imprégnées de poison, et qu'il est décrit (au chapitre « Septième jour, nuit ») dans les termes suivants : « Il lut à haute voix la première page, puis il cessa, comme s'il n'était pas

Auteur, texte et interprètes

intéressé à en savoir davantage, et il feuilleta en hâte les pages suivantes ; mais après quelques feuillets, il rencontra une résistance, car, sur la marge latérale supérieure et tout le long de la tranche, les feuillets étaient unis les uns aux autres, comme il arrive lorsque – une fois humidifiée et détériorée – la matière du papier forme une sorte de gluten poisseux. »

J'ai écrit ces lignes à la fin de 1979. Dans les années qui ont suivi, peut-être parce que après avoir publié *Le Nom de la rose* j'avais commencé d'avoir des contacts plus fréquents avec des bibliothécaires et des bibliophiles (et certainement parce que j'avais un peu plus d'argent à ma disposition), je suis devenu collectionneur de livres rares. Auparavant, il m'était arrivé au cours de ma vie d'acheter quelques vieux livres, mais je l'avais fait au gré du hasard et seulement quand ils ne coûtaient pas cher. C'est seulement dans les vingt-cinq dernières années que je suis devenu un collectionneur sérieux ; et par « sérieux », il faut entendre qu'on doit consulter des catalogues spécialisés et écrire pour chaque livre une fiche technique, qui mentionne la collation, des informations historiques sur les éditions précédentes ou suivantes et une description précise de l'état physique de l'exemplaire qu'on possède. Ce dernier travail fait appel à un jargon technique, pour spécifier si le livre est piqué de rouille, bruni, taché d'humidité, souillé, s'il présente des pages délavées ou

Confessions d'un jeune romancier

friables, s'il est court de marge, biffé, si son dos est refait, ses charnières frottées, et ainsi de suite.

Un jour, en fourgonnant dans les étagères supérieures de ma bibliothèque personnelle, j'ai découvert un exemplaire de la *Poétique* d'Aristote annoté par Antonio Riccoboni, Padoue, 1587. Je l'avais complètement oublié. Le nombre 1 000 était écrit au crayon sur la dernière page, ce qui signifiait que je l'avais acheté quelque part pour la somme de 1 000 lires (aujourd'hui environ 50 centimes d'euro). Mes catalogues disaient qu'il s'agissait d'une deuxième édition, pas extrêmement rare, et qu'il s'en trouvait un exemplaire au British Museum. Mais j'étais heureux de le posséder, car il était apparemment difficile à se procurer et que, de toute façon, le commentaire de Riccoboni était moins connu et moins couramment cité que ceux, par exemple, de Robortello ou de Castelvetro.

Aussi commençai-je d'écrire ma description. Je copiai la page de titre et découvris que cette édition comportait un appendice intitulé *Ejusdem Ars Comica ex Aristotele*, qui affirmait présenter le livre perdu d'Aristote sur la comédie. De toute évidence, Riccoboni s'était efforcé de reconstruire le second livre perdu de la *Poétique*. Mais ce n'était pas une tentative inhabituelle et je poursuivis ma description physique du volume. C'est alors que j'eus une expérience similaire à celle d'un certain Zasetsky, ainsi décrite par le

Auteur, texte et interprètes

neuropsychologue soviétique A. R. Luria[1] : Zasetsky avait perdu une partie de son cerveau au cours de la Seconde Guerre mondiale, et avec elle la mémoire et la faculté de parler ; mais il pouvait encore écrire. Sa main écrivait automatiquement toutes les informations qu'il était incapable de se rappeler, et ainsi reconstruisit-il son identité en relisant ce qu'il avait écrit.

De même, je regardais le livre d'un œil froid et technique, en notant ma description, et tout à coup je me rendis compte que je réécrivais *Le Nom de la rose*. La différence était qu'à partir de la page 120, où commence l'*Ars comica*, les marges inférieures et non les supérieures étaient sévèrement endommagées ; mais tout le reste était pareil. Les pages, de plus en plus brunies et tachées d'humidité, étaient collées par les bords et semblaient imprégnées d'une substance grasse et dégoûtante.

Je tenais dans mes mains, sous forme imprimée, le manuscrit que j'avais décrit dans mon roman. Je le possédais depuis des années, il était chez moi, là, en haut de mes rayonnages.

Il ne s'agissait pas d'une coïncidence extraordinaire, ou même d'un miracle. J'avais acheté le livre dans ma

---

1. A. R. Luria, *The Man with a Shattered World : The History of a Brain Wound* (« L'Homme au monde éclaté : histoire d'une blessure au cerveau »), Cambridge, Mass., Harvard University Press.

Confessions d'un jeune romancier

jeunesse, je l'avais feuilleté, j'avais constaté qu'il était très abîmé, je l'avais rangé quelque part, puis je l'avais oublié. Mais, grâce à une sorte d'appareil intérieur, j'avais photographié ces pages et, pendant des décennies, l'image de ces feuillets empoisonnés était restée dans les profondeurs de mon âme, comme dans un tombeau, jusqu'au moment où elle avait resurgi – je ne sais pourquoi – et où j'avais cru avoir inventé le livre.

Cette histoire, comme la première, n'a rien à voir avec une possible interprétation du *Nom de la rose*. La morale, s'il y en a une, est que la vie privée des Auteurs Empiriques est dans une certaine mesure encore plus impénétrable que leurs textes. Entre l'histoire mystérieuse de la création textuelle et la dérive incontrôlable des lectures à venir, le texte en tant que texte continue de constituer une présence réconfortante, un point d'attache auquel nous pouvons nous tenir fermement.

3

Quelques remarques
sur les personnages de fiction

Bref, [Don Quichotte] se donnait avec un tel acharnement à ses lectures qu'il y passait ses nuits et ses jours, du soir jusqu'au matin et du matin jusqu'au soir. Il dormait si peu et lisait tellement que son cerveau se dessécha et qu'il finit par perdre la raison. Il avait la tête pleine de tout ce qu'il trouvait dans ses livres : enchantements, querelles, batailles, défis, blessures, galanteries, amours, tourments, aventures impossibles. Et il crut si fort à ce tissu d'inventions et d'extravagances que, pour lui, il n'y avait pas d'histoire plus véridique au monde. Il disait à qui voulait l'entendre que le Cid Ruy Díaz avait sans doute mérité sa renommée, mais qu'il ne pouvait se comparer au chevalier à l'Épée Ardente, lequel, d'un seul revers, avait fendu par le milieu deux féroces géants. Il lui préférait cependant Bernard del Carpio, qui avait ôté la vie à Roland l'enchanté (...)[1].

---

1. Cervantès, *Don Quichotte*, trad. Aline Schulman, Paris, Seuil.

Confessions d'un jeune romancier

Après la publication du *Nom de la rose*, beaucoup de lecteurs m'ont écrit pour me dire qu'ils avaient découvert et visité l'abbaye où j'avais situé mon histoire. Beaucoup d'autres me demandèrent un supplément d'information sur le manuscrit que je mentionne dans l'introduction du livre. Dans cette même introduction, je déclare que j'ai trouvé un manuscrit sans titre d'Athanase Kircher dans une boutique de livres anciens à Buenos Aires. Récemment (c'est-à-dire presque trente ans après la parution de mon roman), un Allemand m'a écrit pour me dire qu'il venait de trouver une boutique de livres anciens à Buenos Aires où était en vente un volume de Kircher. Il se demandait si par hasard il s'agissait de la même boutique et du même livre.

Inutile de dire que j'ai inventé et le site et la topographie de l'abbaye (bien que beaucoup de détails aient été inspirés par des édifices réels) ; qu'entamer une œuvre de fiction en prétendant qu'on a découvert un ancien manuscrit est un topos littéraire vénérable, au point que j'ai intitulé mon introduction : « Naturellement, un manuscrit », comme nous l'avons vu précédemment ; et que le mystérieux ouvrage de Kircher et l'encore plus mystérieuse boutique de livres anciens sont aussi tous les deux de mon invention.

Ceux qui ont cherché l'abbaye véritable et le manuscrit véritable étaient peut-être des lecteurs naïfs et peu

Quelques remarques sur les personnages de fiction

au fait des conventions littéraires, qui sont tombés sur mon roman par accident après avoir vu le film. Mais l'Allemand dont je viens de parler, qui semble un habitué des boutiques de livres anciens et qui connaît apparemment Kircher, est certainement un homme cultivé, un familier des livres et de la chose imprimée. Il semble que de nombreux lecteurs, quel que soit leur niveau culturel, soient ou deviennent incapables de distinguer entre la réalité et la fiction. Ils prennent au sérieux les personnages de fiction comme s'il s'agissait d'êtres humains réels.

Un autre commentaire sur cette distinction (ou son absence) apparaît dans *Le Pendule de Foucault*. Jacopo Belbo, après avoir assisté à une liturgie alchimique semblable à un rêve, tente de justifier ironiquement la pratique des adeptes en observant : « La question n'est pas de savoir si les gens ici sont meilleurs ou pires que les chrétiens qui vont visiter les sanctuaires. Je me demandais : pour qui nous prenons-nous ? Nous, pour qui Hamlet est plus réel que notre concierge ? Ai-je le droit de juger, moi qui continue de chercher ma Madame Bovary pour que nous ayons une grande scène[1] ? »

---

1. Umberto Eco, *Le Pendule de Foucault*, Paris, Grasset.

Confessions d'un jeune romancier

Des pleurs pour Anna Karénine

En 1860, alors qu'il était sur le point de traverser la Méditerranée pour suivre l'expédition de Garibaldi en Sicile, Alexandre Dumas père fit une halte à Marseille et visita le château d'If, où son héros Edmond Dantès, avant de devenir le comte de Monte-Cristo, reste emprisonné quatorze ans et reçoit l'enseignement d'un codétenu, l'abbé Faria[1]. Alors qu'il se trouvait là, Dumas fit une découverte : on montrait régulièrement aux visiteurs du château la « véritable » cellule de Monte-Cristo, et les guides ne cessaient de parler de Dantès, de Faria et des autres personnages du roman comme s'ils avaient vraiment existé[2]. En revanche, ces mêmes guides ne mentionnaient jamais que le château d'If avait été la prison de personnages historiques importants comme Mirabeau.

D'où ce commentaire de Dumas dans ses *Mémoires* : « C'est le privilège des romanciers de créer des

---

1. Un Faria a existé dans la réalité, et Dumas s'est inspiré de ce curieux prêtre portugais. Mais le vrai Faria s'intéressait au mesmérisme et avait peu de rapport avec le mentor de Monte-Cristo. Dumas avait coutume d'emprunter certains de ses personnages à l'histoire (comme il le fit pour d'Artagnan), mais ses lecteurs ne sont pas censés se soucier de leurs attributs dans la vie réelle.

2. Il y a des années, j'ai visité la forteresse et on m'a montré non seulement ce qu'on appelait la cellule de Monte-Cristo, mais le tunnel prétendument creusé par l'abbé Faria.

Quelques remarques sur les personnages de fiction

personnages qui tuent ceux des historiens. La raison en est que les historiens se bornent à évoquer de simples fantômes, tandis que les romanciers créent des personnes en chair et en os[1]. »

Un jour, un de mes amis me pressa d'organiser un symposium sur le sujet suivant : puisque nous savons qu'Anna Karénine est un personnage de fiction et qu'elle n'existe pas dans le monde réel, pourquoi pleurons-nous sur ses malheurs, ou en sommes-nous tout au moins profondément émus ?

On trouverait probablement beaucoup de lecteurs cultivés qui ne versent pas de larmes sur le destin de Scarlett O'Hara, mais sont profondément bouleversés par celui d'Anna Karénine. J'ai aussi vu des intellectuels distingués pleurer à la fin de *Cyrano de Bergerac*, ce qui ne devrait étonner personne, car, lorsqu'une stratégie dramatique vise à provoquer les larmes du public, les mouchoirs sortent des poches quel que soit son niveau de culture. Il ne s'agit pas d'un problème esthétique : de grandes œuvres d'art peuvent ne pas susciter de réaction émotionnelle, alors que de mauvais films et des romans de quatre sous y parveniennent[2]. Rappelons-nous que Madame Bovary, un personnage

---

1. Alexandre Dumas, *Viva Garibaldi ! Une odyssée en 1860* (chap. 4), Paris, Fayard.

2. Un de mes amis, homme doux et sensible, me disait : « Je pleure chaque fois que je vois agiter un drapeau dans un film, quelle qu'en soit la nationalité. » Le fait que les êtres humains

Confessions d'un jeune romancier

sur lequel beaucoup de lecteurs ont versé des larmes, pleurait en lisant des histoires d'amour.

Je répondis fermement à mon ami que ce phénomène n'avait aucune pertinence ontologique ou logique, et ne pouvait intéresser que les psychologues. Si nous nous identifions aux personnages de fiction et à leur sort, c'est parce que, selon une convention narrative, nous nous mettons à vivre dans le monde possible de leur histoire comme si c'était notre monde réel. Au demeurant, cela ne se produit pas seulement quand nous lisons de la fiction : beaucoup d'entre nous ont parfois pensé à la mort possible d'un être cher et en ont été profondément affectés, sinon émus aux larmes, tout en sachant que cet événement était imaginaire et non réel. De tels phénomènes d'identification et de projection sont parfaitement normaux, et (je le répète)

---

sont émus par le destin des personnages de fiction a suscité une importante littérature, tant dans le domaine de la psychologie que dans celui de la narratologie. Pour un survol complet, cf. Margit Sutrop, « Sympathy, Imagination, and the Reader's Emotional Response to Fiction », *in* Jürgen Schlaeger et Gesa Stedman, eds., *Representations of Emotions*, Tübingen, Günter Narr Verlag, pp. 29-42. Cf. aussi Margit Sutrop, *Fiction and Imagination*, Paderborn, Mentis Verlag, 5, p. 2 ; Colin Radford, « How Can We Be Moved by the Fate of Anna Karenina ? », in *Proceedings of the Aristotelian Society*, 69, suppl. ; Francis Farrugia, « Syndrome narratif et archétypes romanesques de la sentimentalité : Don Quichotte, Madame Bovary, un discours du pape, et autres histoires », *in* F. Farrugia *et al.*, *Émotions et sentiments : une construction sociale*, Paris, L'Harmattan.

Quelques remarques sur les personnages de fiction

c'est l'affaire des psychologues. S'il existe des illusions d'optique qui nous font voir tel objet plus gros que tel autre alors que nous savons qu'ils sont exactement de la même taille, pourquoi n'existerait-il pas aussi des illusions émotionnelles[1] ?

Je tentai d'expliquer à mon ami que la capacité d'arracher des larmes dépend non seulement des qualités possédées par un personnage fictif, mais des habitudes culturelles des lecteurs, ou de la relation entre leurs attentes culturelles et la stratégie narrative. Si, au milieu du XIXe siècle, on pleurait (et même on sanglotait) sur le sort de la Fleur-de-Marie d'Eugène Sue, de nos jours les malheurs de cette pauvre fille nous laissent cyniquement insensibles. En revanche, voici quelques décennies, les foules ont été émues par le destin de Jenny dans *Love Story* d'Eric Segal, qu'il s'agît du roman ou du film.

Je me suis rendu compte que je ne pouvais écarter la question d'un simple revers de main et j'étais obligé de reconnaître qu'il existe une différence entre pleurer sur la mort imaginaire d'une personne aimée et pleurer sur celle d'Anna Karénine. Dans les deux cas, nous

---

1. Cf. Gregory Currie, *Image and Mind* (« Image et esprit »), Cambridge, Cambridge University Press. La catharsis telle que la définit Aristote est une sorte d'illusion émotionnelle : elle dépend de notre identification avec les héros de la tragédie, qui nous fait ressentir pitié et terreur quand nous assistons aux malheurs qui leur arrivent.

Confessions d'un jeune romancier

tenons pour acquis ce qui se passe dans un monde possible : dans le premier, celui de notre imagination ; dans le second, celui qu'a créé Tolstoï. Mais si, plus tard, on nous demande si notre bien-aimé(e) est effectivement mort(e), nous pouvons répondre, bien soulagés, que non, ce n'est pas vrai, il (elle) est bien vivant(e) et en bonne santé, comme si nous nous réveillions d'un cauchemar. Alors que si l'on nous demande si Anna Karénine est morte, notre réponse ne peut être que oui, car le suicide d'Anna est une réalité dans tous les mondes possibles.

De surcroît, toute personne qui vit une histoire d'amour romantique souffre à l'idée d'être abandonné(e) par son ou sa bien-aimé(e), et certains de ceux qui le sont vraiment vont en effet jusqu'au suicide. Mais si cet abandon touche un de nos amis, nous n'en souffrons pas trop. Certes, nous éprouvons pour lui de la compassion, mais on n'a jamais entendu parler d'une personne qui se serait suicidée parce qu'un de ses amis avait été abandonné. Aussi peut-on trouver des plus étranges qu'après la parution des *Souffrances du jeune Werther* de Goethe, où le héros se suicide à cause d'un amour impossible, beaucoup de jeunes lecteurs romantiques lui aient emboîté le pas en mettant fin à leurs jours. Or, le phénomène est réel et si bien connu qu'il a été baptisé l'« effet Werther ». Que déduire du fait que la plupart des gens ne sont que légèrement attristés

86

Quelques remarques sur les personnages de fiction

de savoir que, sur terre, des millions d'individus réels, parmi lesquels beaucoup d'enfants, succombent à la famine et à la malnutrition, alors qu'ils sont profondément et intimement bouleversés par la mort d'Anna Karénine ? Que nous partagions intensément les chagrins d'une personne dont nous savons qu'elle n'a jamais existé ?

Ontologie contre sémiotique

Mais sommes-nous sûrs que les personnages de fiction n'ont aucune forme d'existence ? Utilisons l'expression « Objet Physiquement Existant », ou OPhE, pour des objets qui ont une existence ordinaire (comme notre personne, ou la lune, ou la ville d'Atlanta), ainsi que pour ceux qui n'ont existé que dans le passé (comme Jules César ou les navires de Christophe Colomb). Personne ne dirait que les personnages de fiction sont des OPhE. Mais cela ne signifie pas qu'ils ne sont pas des objets du tout.

Il suffit d'adopter le genre d'ontologie élaborée par Alexius Meinong (1853-1920) pour accepter l'idée que toute représentation ou jugement doit correspondre à un objet, même si celui-ci n'est pas nécessairement un objet existant. Un objet est toute chose dotée de certaines propriétés, mais son existence n'est pas indispensable. Sept siècles avant Meinong, le philosophe

Confessions d'un jeune romancier

Avicenne avait déjà posé que l'existence n'est qu'une propriété accidentelle d'une essence ou d'une substance (« *accidens adveniens quidditati* »). En ce sens, il peut y avoir des objets *abstraits*, comme le nombre dix-sept et l'angle droit, qui n'existent pas à proprement parler, mais *subsistent* ; et des objets *concrets*, comme moi-même ou Anna Karénine, à cette différence près que je suis un OPhE et qu'elle ne l'est pas.

Soyons clair : je ne m'intéresse pas ici à l'ontologie des personnages de fiction. Pour devenir le sujet d'une réflexion ontologique, un objet doit être considéré comme existant indépendamment de tout esprit qui le pense, comme l'angle droit, dans lequel beaucoup de mathématiciens et de philosophes voient une sorte d'entité platonicienne ; ce qui veut dire que l'affirmation « l'angle droit est un angle à quatre-vingt-dix degrés » resterait vraie même si notre espèce disparaissait, et que sa véracité serait également acceptée par des aliens venus de l'espace.

À l'inverse, le fait qu'Anna Karénine s'est suicidée dépend de la compétence culturelle de nombreux lecteurs vivants ; il est attesté par des livres, mais serait certainement oublié si l'espèce humaine et toutes les bibliothèques disparaissaient de la planète. On pourrait m'objecter qu'un angle droit n'aura toujours quatre-vingt-dix degrés que pour des aliens partageant notre géométrie euclidienne, alors que toute affirmation

Quelques remarques sur les personnages de fiction

concernant Anna Karénine restera vraie pour tous les aliens du moment qu'ils retrouvent au moins un exemplaire du roman de Tolstoï. Mais en l'occurrence, rien ne me contraint à adopter un point de vue sur la nature platonicienne des entités mathématiques, et je ne dispose d'aucune information sur la géométrie ou la littérature comparée des aliens. Nous pouvons au moins estimer que le théorème de Pythagore resterait vrai même s'il n'existait plus d'humains pour y penser, alors que si l'on doit attribuer une forme d'existence à Anna Karénine, il faudra nécessairement un esprit quasi humain pour transformer le texte de Tolstoï en phénomènes mentaux.

La seule chose dont je suis sûr est que des gens sont émus de découvrir qu'Anna Karénine s'est suicidée, mais qu'ils sont peu (s'il en existe) à se sentir ébranlés ou chagrinés en apprenant qu'un angle droit a quatre-vingt-dix degrés. Puisque la question au cœur de ma réflexion est de savoir pourquoi l'on est ému par des personnages de fiction, il ne m'est pas possible d'adopter un point de vue ontologique : je suis contraint de considérer Anna Karénine comme un objet mental, un objet de cognition. En d'autres termes (et j'expliquerai plus clairement ma position ci-après), mon approche n'est pas ontologique, mais sémiotique : ce qui m'intéresse est de savoir quel contenu, pour un lecteur compétent, correspond à l'expression « Anna

Confessions d'un jeune romancier

Karénine », en particulier si ce lecteur tient pour acquis qu'Anna n'est pas et n'a jamais été un OPhE[1].

Au surplus, le problème que je pose est le suivant : en quel sens un lecteur normal peut-il considérer comme vraie l'affirmation « Anna Karénine s'est suicidée », s'il sait avec certitude qu'Anna n'est pas un OPhE ? La question que je pose n'est pas « où, dans quelle région de l'univers, vivent les personnages de fiction ? » ; mais « comment se fait-il que nous parlions d'eux comme s'ils vivaient dans une région de l'univers ? ».

Pour répondre à ces questions, je pense qu'il sera utile de reconsidérer quelques faits apparemment évidents sur les personnages de fiction et le monde où ils vivent.

---

1. Pour une évaluation soigneuse et complète du point de vue ontologique, cf. Carola Barbero, *Madame Bovary : Something Like a Melody* (« Madame Bovary : quelque chose comme une mélodie »), Milan, Albo Versorio. Barbero réussit avec talent à clarifier la différence entre approche ontologique et approche cognitive : « La théorie de l'objet ne s'occupe pas de savoir comment nous saisissons cognitivement les objets qui n'existent pas. À vrai dire, elle se concentre sur les objets dans leur absolue généralité et indépendamment de la façon possible dont ils sont des données » (p. 65).

Quelques remarques sur les personnages de fiction

Mondes possibles incomplets
et personnages complets

Par définition, les textes de fiction nous parlent de personnes et d'événements non existants (et c'est justement pour cette raison qu'ils requièrent une suspension de notre incrédulité). En conséquence, du point de vue d'une sémantique vériconditionnelle, une assertion fictionnelle affirme toujours quelque chose de contraire aux faits.

Pour autant, nous ne prenons pas les assertions fictionnelles pour des mensonges. D'abord, en lisant une œuvre de fiction, nous passons un accord tacite avec son auteur, qui *fait comme si* ce qu'il a écrit était vrai et nous demande de *faire comme si* nous le prenions au sérieux[1]. Ce faisant, tout romancier conçoit un monde possible, et toutes nos idées du vrai et du faux sont dépendantes de ce monde possible. Ainsi est-il fictionnellement vrai que Sherlock Holmes habite Baker Street et fictionnellement faux qu'il habite au bord de la Spoon River.

Les textes de fiction, fussent-ils des contes de fées ou des récits de science-fiction, ne situent jamais leur histoire dans un monde totalement différent de celui

---

1. Cf. John Searle, « The Logical Status of Fictional Discourse » (« Le statut logique du discours fictionnel »), in *New Literary History*, 6, n° 2, hiver 1975, pp. 319-332.

Confessions d'un jeune romancier

où nous vivons. Même si l'on y parle d'une forêt, il est entendu que cette forêt est à peu près semblable à celles que nous connaissons dans notre monde, où les arbres sont des végétaux et non des minéraux, etc. Si d'aventure on nous dit que la forêt en question est faite d'arbres minéraux, les notions d'« arbre » et de « minéral » doivent être les mêmes que dans notre monde réel.

D'ordinaire, l'œuvre de fiction choisit de se situer dans le monde de notre vie quotidienne, au moins en ce qui concerne ses caractéristiques principales. Les histoires de Rex Stout demandent au lecteur d'accepter que New York est habité par des gens comme Nero Wolfe, Archie Goodwin, Saul Panzer et l'inspecteur Cramer, qui n'apparaissent pas dans les registres de l'état civil ; mais tout le reste de l'action se passe dans un New York tel que nous le connaissons (ou tel que beaucoup l'ont connu), et nous serions déconcertés si Archie Goodwin décidait de monter en haut de la tour Eiffel au beau milieu de Central Park. Un monde fictionnel n'est pas seulement un *monde possible*, mais aussi un *petit monde* : j'entends par là « un enchaînement relativement bref d'événements locaux dans un coin du monde réel[1] ».

---

1. Jaakko Hintikka, « Exploring Possible Worlds » (« L'exploration des mondes possibles »), *in* Sture Allén, éd., *Possible Worlds in Humanities, Arts and Sciences* (« Mondes possible dans les huma-

Quelques remarques sur les personnages de fiction

Un monde fictionnel est une création incomplète et non maximale[1]. Dans le monde réel, si l'affirmation « John vit à Paris » est vraie, il est aussi vrai que John vit dans la capitale de la France et qu'il vit au nord de Milan et au sud de Stockholm. De telles connaissances ne sont pas requises pour les mondes possibles de nos croyances (ce qu'on appelle les mondes « doxastiques »). S'il est vrai que John pense que Tom vit à Paris, cela n'implique pas que John pense également que Tom vit au nord de Milan, car il se peut que John connaisse mal la géographie[2]. Les mondes fictionnels sont aussi incomplets que les mondes doxastiques, mais ils le sont différemment.

Par exemple, au début du roman de Frederik Pohl et C. M. Kornbluth, *The Space Merchants* (« Les marchands de l'espace »), nous lisons les mots suivants : « Je me frottai le visage avec du savon dépilatoire et le rinçai sous le filet qui coulait du robinet d'eau douce[3]. »

---

nités, les arts et les sciences »), vol. 65 de *Proceedings of the Nobel Symposium* (« Minutes du symposium Nobel »), New York, De Gruyter, p. 55.

1. Lubomir Dolezel, « Possible Worlds and Literary Fiction » (« Mondes possibles et fiction littéraire), *in* Allén, *Possible Worlds*, p. 233.

2. Par exemple, l'ex-président George W. Bush a déclaré dans une conférence de presse du 24 septembre 2001 que « les relations frontalières entre le Canada et le Mexique n'ont jamais été meilleures ». Cf. usinfo.org/wf-archive/2001/010924/epf109.htm.

3. Cité dans Samuel Delany, « Genetic Protocols » (« Proto-

Confessions d'un jeune romancier

Dans une phrase qui se référerait au monde réel, la mention de l'eau « douce » semblerait redondante, car les robinets y sont normalement des robinets d'eau douce. Mais si l'on soupçonne que la phrase décrit un monde fictionnel, on comprend qu'elle nous fournit un renseignement indirect sur ce monde, où un lavabo normal est équipé d'un robinet d'eau douce par opposition au robinet d'eau salée (alors que dans notre monde l'opposition est entre l'eau chaude et l'eau froide). Même si l'histoire ne fournissait pas d'autres informations, les lecteurs comprendraient qu'elle se passe dans un monde de science-fiction qui connaît une pénurie d'eau douce. En l'absence de précisions supplémentaires, il serait enclin à penser que l'eau douce et l'eau salée sont de l'H_2O normal. En ce sens, il apparaît que les mondes fictionnels sont *parasitaires* du monde réel[1]. Un monde fictionnel possible est un monde où tout est similaire à notre monde prétendument réel, excepté dans les variations explicitement introduites par le texte.

Shakespeare, dans *Un conte d'hiver*, nous dit que la scène 3 de l'acte III se passe en « Bohême », qui est

---

coles génétiques »), *in* Teresa de Lauretis, éd., *The Technological Imagination* (« L'imagination technologique »), Madison, Wis., Coda Press.

1. Sur le monde narratif possible en tant que monde « petit » et « parasitaire », cf. Umberto Eco, *Les Limites de l'interprétation*, Paris, Grasset, chapitre intitulé « Petits mondes ».

Quelques remarques sur les personnages de fiction

un pays désertique au bord de la mer. Nous savons bien que la Bohême n'a pas de côtes, comme nous savons qu'il n'y a pas de stations balnéaires en Suisse, mais nous tenons pour acquis que dans le monde possible de la pièce de Shakespeare, la « Bohême » possède une côte maritime. Par convention fictionnelle et suspension de l'incrédulité, nous devons accepter de telles variations comme si elles étaient vraies[1].

Il a été dit que les personnages de fiction sont *indéterminés*, c'est-à-dire que nous ne connaissons que quelques-unes de leurs caractéristiques, alors que les personnages réels sont *complètement déterminés*, et que nous devrions être capables de déduire chacun de leurs attributs connus[2]. Mais, même si c'est vrai du point de vue ontologique, ce qu'on constate du point de vue

---

1. Comme je l'ai observé dans *Six promenades dans les bois du roman et d'ailleurs*, Paris, Grasset, chap. 5, les lecteurs sont plus ou moins disposés à accepter certaines violations des conditions du monde réel selon leur degré d'information encyclopédique. Alexandre Dumas, dans *Les Trois Mousquetaires*, qui se passe au XVIIe siècle, fait habiter son personnage Aramis dans une maison de la rue Servandoni, ce qui est impossible, car l'architecte Giovanni Servandoni, en l'honneur de qui la rue a été nommée, n'a vécu et travaillé qu'un siècle plus tard. Mais les lecteurs peuvent accepter cette information sans en être déconcertés, car très peu d'entre eux connaissent Servandoni. Si en revanche Dumas avait écrit qu'Aramis habitait rue Bonaparte, les lecteurs auraient été en droit de froncer les sourcils.

2. Cf. par exemple Roman Ingarden, *L'Œuvre d'art littéraire*, Paris, L'Âge d'homme.

Confessions d'un jeune romancier

épistémologique est exactement le contraire : personne ne peut prétendre énumérer toutes les caractéristiques d'un individu ou d'une espèce donnés, qui sont potentiellement infinies ; alors que les caractéristiques des personnages de fiction sont strictement limitées par le texte narratif, et seules celles qui sont mentionnées par celui-ci comptent pour leur identification.

Au vrai, je connais Leopold Bloom mieux que je ne connais mon propre père. Qui peut dire combien d'épisodes de la vie de mon père me restent inconnus, combien de pensées il ne m'a jamais révélées, combien de fois il m'a dissimulé ses chagrins, ses dilemmes, ses faiblesses ? Maintenant qu'il n'est plus là, sans doute ne découvrirai-je jamais ces aspects secrets et peut-être fondamentaux de son être. Comme les historiens décrits par Dumas, je rêve et rêve en vain sur ce cher fantôme perdu pour toujours. Au contraire, je sais de Leopold Bloom tout ce que j'ai besoin de savoir, et chaque fois que je relis *Ulysse*, je découvre quelque chose de nouveau à son sujet.

Sur les vérités historiques, les historiens peuvent se quereller pendant des siècles sans réussir à décider si telle ou telle information est pertinente ou non. Par exemple, est-il pertinent pour l'histoire de Napoléon de savoir ce qu'il a mangé juste avant la bataille de Waterloo ? La plupart des biographes ont tendance à considérer que ce détail n'a aucune importance. Pourtant, il peut se trouver des chercheurs profondément

Quelques remarques sur les personnages de fiction

convaincus que la nourriture exerce une influence décisive sur le comportement humain. Aussi ce détail concernant Napoléon, s'il était prouvé par un document, serait-il de première importance pour leur recherche.

À l'inverse, les textes de fiction nous disent avec précision quels détails sont pertinents pour l'interprétation de l'histoire, la psychologie des personnages, etc., et lesquels sont anecdotiques.

À la fin du chapitre XXXV du livre II du *Rouge et le Noir*, Stendhal nous raconte comment Julien Sorel tente de tuer Madame de Rênal dans l'église de Verrières. Après nous avoir dit que le bras de Julien tremble, il poursuit : « En ce moment, le jeune clerc qui servait la messe sonna pour l'élévation. Madame de Rênal baissa la tête, qui un instant se trouva presque entièrement cachée par les plis de son châle. Julien ne la reconnaissait plus aussi bien ; il tira sur elle un coup de pistolet et la manqua ; il tira un second coup, elle tomba[1]. »

Une page plus tard, il nous est dit que Madame de Rênal n'a pas été mortellement blessée : la première balle a percé son chapeau, la seconde l'a atteinte à l'épaule. Il est intéressant de remarquer que, pour des raisons qui ont intrigué de nombreux critiques,

---

1. Stendhal, *Le Rouge et le Noir*, Paris, Robert Laffont, coll. Bouquins, p. 306.

Confessions d'un jeune romancier

Stendhal nous précise le chemin suivi par la seconde balle : elle a ricoché contre l'omoplate et été renvoyée contre un pilier gothique, dont elle a cassé un énorme éclat de pierre. Mais, s'il nous donne ces détails sur la trajectoire de cette seconde balle, il ne nous dit rien de la première[1].

On se demande encore ce qu'il est advenu de la première balle de Julien. Il ne fait pas de doute que beaucoup d'admirateurs de Stendhal cherchent à localiser l'église et à y trouver des traces de l'impact, comme un éclat manquant à un autre pilier. Dans le même ordre d'idées, on sait que beaucoup d'admirateurs de Joyce se rendent à Dublin pour trouver la pharmacie où Bloom achetait du savon au citron ; or, cette pharmacie existe, ou existait encore en 1965, l'année où j'ai acheté de ce même savon (probablement produit par l'apothicaire pour faire plaisir aux touristes joyciens).

Supposons maintenant qu'un critique veuille interpréter tout le roman de Stendhal en prenant cette balle perdue pour point de départ. Il existe des démarches critiques plus absurdes ! Mais puisque le texte ne confère pas de pertinence à cette balle perdue et se borne à la mentionner, nous serions en droit de considérer une telle stratégie interprétative comme farfelue. Un texte de fiction nous dit non seulement ce qui est

---

1. Sur ces deux balles, cf. Jacques Geninasca, *La Parole littéraire*, Paris, Presses universitaires de France, II, 3.

Quelques remarques sur les personnages de fiction

vrai et ce qui ne l'est pas dans son monde narratif, mais aussi ce qui est pertinent et ce que nous pouvons ignorer parce que c'est sans importance.

Voilà pourquoi nous nous sentons en position d'énoncer des vérités indiscutables sur les personnages de fiction : il est absolument vrai que la première balle de Julien Sorel a manqué sa cible, comme il est absolument vrai que Mickey Mouse est le petit ami de Minnie.

Affirmations fictionnelles contre affirmations historiques

Une affirmation fictionnelle, comme « Anna Karénine s'est suicidée en se jetant devant un train », est-elle aussi vraie qu'une affirmation historique comme « Adolf Hitler s'est suicidé et son corps a été brûlé dans un bunker à Berlin » ? D'instinct, nous sommes enclins à répondre que ce qui est dit d'Anna renvoie à une invention, alors que ce qui est dit de Hitler concerne un événement qui s'est réellement produit.

Dans ces conditions, pour respecter les règles de la sémantique vériconditionnelle, nous devrions dire que, s'il est vrai qu'Anna Karénine s'est suicidée en se jetant devant un train, c'est une autre façon d'affirmer que, dans ce monde, il est vrai qu'un roman de Tolstoï nous assure qu'Anna Karénine s'est suicidée en se jetant devant un train.

Confessions d'un jeune romancier

S'il en est ainsi, en termes logiques, l'affirmation concernant Anna serait vraie *de dicto* et non *de re* ; et d'un point de vue sémiotique, elle ne relèverait que du *plan de l'expression* et non du *plan du contenu* (ou, en termes saussuriens, du niveau du signifiant et non de celui du signifié).

Nous pouvons énoncer des vérités au sujet des personnages de fiction parce que ce qui leur arrive est consigné dans un texte, et qu'un texte ressemble à une partition musicale. « Anna Karénine s'est suicidée en se jetant devant un train » est une affirmation vraie au même titre qu'il est vrai de dire que la *Cinquième Symphonie* de Beethoven est en *ut* mineur (et non en *fa* majeur comme la *Sixième*) et commence par la phrase musicale « *sol, sol, sol, mi* bémol ».

Si vous le voulez bien, donnons à cette manière de considérer les affirmations fictionnelles le nom d'« approche partitionnellement orientée ». Pour autant, cette position n'est pas complètement satisfaisante du point de vue de l'expérience du lecteur. Sans parler des nombreux problèmes afférents à la lecture d'une partition définie comme un processus complexe d'interprétation, nous pouvons dire qu'une partition musicale est un dispositif sémiotique qui nous explique comment produire une séquence donnée de sons. C'est seulement après la transformation en sons d'une série de signes écrits que les auditeurs peuvent apprécier la *Cinquième Symphonie* de Beethoven et le dire. (Il en

100

Quelques remarques sur les personnages de fiction

va ainsi même pour les musiciens de haut niveau qui sont capables de lire une partition en silence : en réalité, ils ne font que reproduire les sons dans leur tête.) Quand nous disons : « Il est vrai dans ce monde qu'un roman de Tolstoï nous affirme qu'Anna Karénine s'est suicidée en se jetant devant un train », cela revient à déclarer que, dans ce monde, il est vrai que sur une page imprimée donnée se trouve une séquence de mots écrits qui, une fois prononcés par le lecteur (même si ce n'est que mentalement), lui permettent d'avoir conscience qu'il existe un monde narratif où vivent et meurent des gens comme Anna et Vronsky.

Pour autant, quand nous parlons d'Anna et de Vronsky, nous cessons d'ordinaire de penser au texte où nous avons lu leurs vicissitudes. Nous parlons d'eux comme s'il s'agissait de personnes réelles.

Il est vrai (dans ce monde) que la Bible commence par le mot *Bereshit*, c'est-à-dire « Au commencement ». Mais quand nous disons que Caïn a tué son frère ou qu'Abraham était sur le point de sacrifier son fils – et, souvent, quand nous nous efforçons d'interpréter ces événements sur un plan moral ou mystique –, nous ne nous référons pas à la « partition » originale en hébreu (que quatre-vingt-dix pour cent des lecteurs de la Bible ignorent) : nous parlons du *contenu*, non de l'*expression* du texte biblique. Certes, nous savons que Caïn a tué son frère grâce à la partition biblique écrite, et il a été suggéré que l'existence de beaucoup

Confessions d'un jeune romancier

d'objets non physiques, appelés « objets sociaux », doit ou pourrait être prouvée par un document écrit. Mais nous verrons plus loin (1) que parfois les personnages de fiction ont existé avant d'avoir été mentionnés par un document écrit (comme dans le cas des figures mythiques et légendaires), et (2) que beaucoup de personnages de fiction sont parvenus à *survivre* aux documents qui mentionnaient leur existence.

Au vrai, je pense que personne ne peut nier qu'Adolf Hitler et Anna Karénine constituent deux sortes d'entités différentes, ayant chacune un statut ontologique différent. Je ne suis pas ce que dans certaines universités américaines on appelle péjorativement un « textualiste » : une personne qui croit (comme certains déconstructionnistes) qu'il n'existe pas de faits, mais seulement des interprétations, c'est-à-dire des textes. Ma théorie de l'interprétation se fonde sur la sémiotique de Charles Sanders Peirce, en sorte qu'à mes yeux, pour mettre en œuvre une interprétation quelle qu'elle soit, il faut qu'il existe au départ un fait à interpréter[1]. En acceptant, comme je le fais, la réalité d'une différence entre les faits qui sont indéniablement des textes (comme l'exemplaire physique d'un livre qu'on s'apprête à lire) et ceux qui ne sont pas seulement des textes (comme la lecture du livre), je crois

---

1. Cf. par exemple Umberto Eco, *Kant et l'ornithorynque*, trad. Julien Gayrard, Paris, Grasset, en particulier le sous-chapitre I.9.

Quelques remarques sur les personnages de fiction

fermement que Hitler était un être humain réel (ou du moins je le croirai jusqu'à ce que des historiens fiables m'apportent la preuve du contraire et me démontrent qu'il s'agissait d'un robot construit par Wernher von Braun), alors qu'Anna Karénine n'est que le fruit de l'imagination d'un esprit humain. Elle est donc ce que certains appelleraient un « artefact[1] ».

Au demeurant, on pourrait dire que ce ne sont pas seulement les affirmations fictionnelles qui sont *de dicto*, mais aussi les affirmations historiques : les élèves des lycées qui prennent note qu'Adolf Hitler est mort dans un bunker à Berlin ne font que reprendre ce qui est vrai selon leurs manuels d'histoire. En d'autres termes, si l'on excepte les jugements fondés sur notre expérience directe (par exemple « Il pleut »), tous les jugements que nous pouvons prononcer en nous fondant sur notre expérience culturelle (c'est-à-dire tous ceux qui ont trait aux informations consignées dans les encyclopédies : que les dinosaures ont vécu au jurassique, que Néron était mentalement dérangé, que la formule chimique de l'acide sulfurique est H_2SO_4, etc.)

---

1. Mais si Anna est un artefact, sa nature est différente de celle des autres artefacts comme les chaises ou les bateaux. Cf. Amie L. Thomasson, « Fictional Characters and Literary Practices » (« Personnages de fiction et pratiques littéraires »), in *Bristish Journal of Aesthetics*, 43, n° 2 (avril 2000). Les artefacts de fiction ne sont pas des entités physiques et il leur manque une situation spatio-temporelle.

Confessions d'un jeune romancier

reposent sur l'information textuelle. Même s'ils semblent exprimer des vérités *de facto*, ils ne sont vrais que *de dicto*.

Aussi me permettra-t-on d'employer le terme de « vérités encyclopédiques » pour désigner tous ces éléments de la connaissance commune que nous apprenons dans les encyclopédies (comme la distance de la terre au soleil, ou le fait que Hitler est mort dans un bunker). Je considère ces informations comme vraies parce que j'ai confiance en la communauté scientifique, et que j'accepte une sorte de « division du travail culturel » en vertu de laquelle je délègue à des spécialistes la tâche de les prouver. Pourtant, les affirmations encyclopédiques ont leurs limites. Elles font toujours l'objet de révisions, car la science, par définition, est toujours prête à reconsidérer ses découvertes. Si nous gardons un esprit ouvert, nous devons être prêts à réviser notre opinion sur la mort d'Adolf Hitler à chaque découverte de nouveaux documents, comme à ajuster ce que nous croyons vrai sur la distance de la terre au soleil en conséquence de nouvelles mesures astronomiques. De surcroît, le fait que Hitler est mort dans un bunker a déjà été mis en doute par certains historiens ; et il est concevable en effet qu'il ait survécu à la chute de Berlin devant les forces alliées et se soit enfui vers l'Argentine ou ailleurs, qu'aucun corps n'ait été brûlé dans le bunker ou qu'on ait brûlé celui de quelqu'un d'autre, que pour des raisons de propagande

Quelques remarques sur les personnages de fiction

le suicide de Hitler ait été inventé par les Soviétiques arrivés au bunker, ou même que le bunker n'ait jamais existé, car son emplacement exact est toujours sujet à débat, etc.

À l'inverse, l'affirmation « Anna Karénine s'est suicidée en se jetant devant un train » ne peut être mise en doute.

Toute affirmation concernant les vérités encyclopédiques peut, et souvent doit, être mise à l'épreuve de la *légitimité empirique externe* (au nom de laquelle on demandera : « Donnez-moi la preuve que Hitler est vraiment mort dans un bunker ») ; alors que les affirmations sur le suicide d'Anna ne relèvent que de la *légitimité textuelle interne* (au sens où l'on n'a pas besoin de s'abstraire du texte pour les prouver). Sur la base de cette légitimité intérieure, nous prendrons pour un fou, ou au moins pour une personne mal informée, celui qui nous soutiendrait qu'Anna Karénine a épousé Pierre Bezukhov, alors que nous tolérons qu'une personne élève des doutes sur la mort de Hitler.

Pour peu qu'on se fonde sur la même légitimité interne, l'identité des personnages de fiction est indubitable. Dans la vie réelle, nous avons encore des doutes sur celle de l'Homme au masque de fer, nous ignorons qui était Kaspar Hauser, et si la grande-duchesse Anastasia Nikolaeva Romanova a bien été assassinée avec le reste de la famille impériale de Russie ou si elle a survécu pour réapparaître sous les traits de

Confessions d'un jeune romancier

la charmante prétendante incarnée plus tard à l'écran par Ingrid Bergman. À l'inverse, en lisant les récits d'Arthur Conan Doyle, nous sommes sûrs que chaque fois que Sherlock Holmes parle du docteur Watson, c'est toujours la même personne qu'il désigne et que la ville de Londres ne compte pas deux individus portant le même nom et exerçant la même profession ; sinon, le texte devrait au moins le suggérer. J'ai argumenté ailleurs contre la théorie de la désignation rigide de Saul Kripke[1], mais j'admets volontiers la validité de son idée appliquée aux mondes fictionnels possibles. De quelque manière que nous puissions définir le docteur Watson (et il y en a plusieurs), il est clair qu'il s'agit bien de l'homme qui, dans *Une étude en rouge*, est appelé Watson pour la première fois, par un personnage du nom de Stamford ; et qu'ensuite, aussi bien Sherlock Holmes que les lecteurs de Conan Doyle, quand ils prononcent le nom de « Watson », entendent se référer à cette désignation d'origine. Il est possible que dans un roman encore à découvrir, Conan Doyle nous révèle que Watson a menti en prétendant avoir été blessé à la bataille de Maiwand ou avoir étudié la médecine. Mais, fût-ce dans cette hypothèse, le docteur Watson démasqué resterait la personne qui, dans *Une*

---

1. Cf. par exemple Umberto Eco, *Sémiotique et philosophie du langage*, trad. Myriem Bouzaher, Paris, Presses universitaires de France ; et *idem*, *Les Limites de l'interprétation*, Paris, Grasset.

Quelques remarques sur les personnages de fiction

étude en rouge, rencontre Sherlock Holmes pour la première fois.

La forte identité des personnages de fiction est une question importante. Dans son livre *Contre-enquête sur la mort d'Emma Bovary*[1], Philippe Doumenc nous raconte l'histoire d'une enquête de police qui finit par prouver que Madame Bovary ne s'est pas empoisonnée, mais a été assassinée. Or, si son roman acquiert une certaine saveur, c'est seulement parce que ses lecteurs tiennent pour acquis que « dans la réalité », Emma Bovary s'est bel et bien empoisonnée. On peut prendre plaisir au roman de Doumenc comme on prend plaisir à ce qu'on appelle les histoires « uchroniques », ces pendants temporels des « utopies » qui constituent une sorte de HF (« histoire-fiction », ou science-fiction sur le passé), où, par exemple, un auteur imagine ce qui se serait produit en Europe si Napoléon l'avait emporté à Waterloo. Un roman uchronique ne peut être apprécié que si l'on sait à l'avance qu'à Waterloo, Napoléon a été vaincu. De même, pour apprécier le roman de Doumenc, le lecteur doit savoir que chez Flaubert, Madame Bovary s'est suicidée. Sinon, pourquoi écrire – ou lire – une telle contre-histoire ?

---

1. Philippe Doumenc, *Contre-enquête sur la mort d'Emma Bovary*, Paris, Actes Sud.

Confessions d'un jeune romancier

La fonction épistémologique
des affirmations fictionnelles

Nous n'avons pas encore défini quelle sorte d'entités sont les personnages de fiction en dehors du cadre d'une approche partitionnellement orientée. Mais nous sommes en position de dire que les affirmations fictionnelles, du fait de la façon dont nous les employons et les envisageons, sont essentielles pour clarifier l'idée que nous nous faisons de la vérité.

Supposons qu'on nous demande ce que signifie « être vrai » pour une affirmation, et que nous répondions par la fameuse définition formulée par Alfred Tarski, pour qui dire « la neige est blanche » est vrai si et seulement si la neige est réellement blanche. Ce serait une réponse intéressante pour stimuler le débat intellectuel, mais de peu d'utilité pour les gens ordinaires : par exemple, nous ne saurions pas quel genre de preuve physique est suffisante pour nous permettre d'affirmer que la neige est blanche. Nous dirons en revanche qu'une affirmation est vraie sans conteste possible quand elle est aussi irréfutable que « Superman est Clark Kent ».

En général, les lecteurs acceptent comme une vérité irréfutable qu'Anna Karénine s'est suicidée. Et même si l'on voulait en chercher la preuve empirique externe, il suffit d'accepter l'approche partitionnellement orientée (selon laquelle il est vrai que Tolstoï, dans un livre qui nous est accessible, a écrit ceci et cela) pour

Quelques remarques sur les personnages de fiction

avoir des données de sens confirmant cette affirmation ; alors que pour la mort de Hitler, toute preuve est sujette à de nouveaux débats.

Pour décider si « Hitler est mort dans un bunker » constitue une vérité sans conteste possible, nous devons déterminer si cette affirmation est aussi irréfutablement vraie que « Superman est Clark Kent » ou que « Anna Karénine s'est suicidée en se jetant devant un train ». C'est seulement après avoir effectué ce genre de test que nous pourrons dire que « Hitler est mort dans un bunker » n'est qu'une vérité probable, peut-être une vérité hautement probable, mais pas une vérité-sans-l'ombre-d'un-doute-possible (alors que « Superman est Clark Kent » ne souffre aucune contestation). Le pape et le dalaï-lama peuvent bien discuter pendant des années pour décider s'il est vrai que Jésus-Christ est le Fils de Dieu, mais (à supposer qu'ils s'y connaissent en littérature populaire et en bandes dessinées) force leur est à tous les deux d'admettre que Superman est Clark Kent, et inversement. Telle est donc la fonction épistémologique des affirmations fictionnelles : elles peuvent être utilisées comme un *litmus test* appliqué à l'irréfutabilité des vérités.

Confessions d'un jeune romancier

*Des individus fluctuants
dans des partitions fluctuantes*

Nous avons donc posé une fonction aléthique des vérités fictionnelles, mais cela n'explique toujours pas pourquoi nous pleurons sur le sort des personnages de fiction. On n'est pas ému parce que « Tolstoï a écrit qu'Anna Karénine s'était suicidée » ; on l'est parce que « Anna Karénine s'est suicidée », même si l'on est conscient que Tolstoï a été le premier à l'écrire.

Remarquons que ce que nous venons de dire vaut pour Anna Karénine, pour Clark Kent, pour Hamlet et de nombreuses autres figures, mais non pour tous les personnages de fiction. Hormis les spécialistes des anecdotes concernant Nero Wolfe, personne ne sait qui est Dana Hammond, ni de quels actes il est l'auteur. Tout au plus certains se rappelleront-ils que dans un roman intitulé *In the Best Families* (« Dans les meilleures familles », publié par Rex Stout en 1950), le texte nous apprend qu'un certain banquier du nom de Dana Hammond a fait ceci et cela. Mais Dana Hammond reste en quelque sorte prisonnier de sa partition originale. Si en revanche nous voulions citer un banquier aussi fameux qu'infâme, nous pourrions évoquer le baron de Nucingen, qui, lui, a acquis la faculté de vivre en dehors des romans de Balzac, où il est né. Nucingen est devenu ce que certaines théories esthétiques appellent un « type

Quelques remarques sur les personnages de fiction

universel ». Ce n'est, malheureusement pour lui, pas le cas de Dana Hammond.

En ce sens, il apparaît que certains personnages de fiction acquièrent une sorte d'existence indépendamment de leur partition d'origine. Combien de ceux qui connaissent le destin d'Anna Karénine ont-ils lu le roman de Tolstoï ? Et combien d'entre eux n'ont-ils fait connaissance avec elle que grâce au cinéma (en particulier les deux films avec Greta Garbo) et les adaptations télévisées ? Je ne connais pas la réponse exacte, mais ce que je constate avec certitude, c'est que beaucoup de personnages de fiction « vivent » en dehors de la partition qui leur a initialement conféré une existence, et se meuvent dans une zone de l'univers qu'il est particulièrement difficile de délimiter. Il arrive même que certains d'entre eux en viennent à migrer de texte en texte, car, au cours des siècles, l'imagination collective les a émotionnellement investis au point d'en faire des individus « fluctuants ». La plupart sont issus de grandes œuvres d'art ou de mythes, mais ce n'est pas le cas de tous. Ainsi notre communauté d'entités fluctuantes comprend-elle Hamlet et Robin des Bois, Heathcliff et Milady de Winter, Leopold Bloom et Superman.

Comme j'ai toujours été fasciné par les personnages fluctuants, j'ai un jour inventé le pastiche littéraire suivant (et on voudra bien me pardonner de m'autociter) :

Confessions d'un jeune romancier

Vienne, 1950. Les années ont passé, mais Sam Spade n'a pas renoncé à mettre la main sur le faucon maltais. Son contact est maintenant Harry Lime, et tous deux complotent au sommet de la grande roue du Prater. Ils descendent et se rendent à pied au café Mozart, où Sam joue dans un coin *As Time Goes By* à la lyre. À la table du fond, une cigarette entre ses lèvres tordues par une grimace amère, Rick est assis. Il a trouvé un indice parmi les documents qu'Ugarte lui a montrés, et désigne maintenant à Sam Spade une photo de celui-ci. « Le Caire ! », murmure le détective. Rick poursuit son récit : à Paris, où il était entré triomphalement avec le capitaine Renault en tant que membre de l'armée de libération de De Gaulle, il a appris l'existence d'une certaine Femme-Dragon (prétendument la meurtrière de Robert Jordan pendant la guerre d'Espagne), dont les services secrets ont retrouvé la trace du faucon. Elle devrait arriver d'une minute à l'autre. La porte s'ouvre et une silhouette féminine apparaît. « Ilsa ! », s'écrie Rick. « Brigid ! », s'écrie Sam Spade. « Anna Schmidt ! », s'écrie Lime. « Miss Scarlett ! s'écrie Sam. Vous êtes de retour ! Ne faites plus souffrir mon maître ! »

Dans la pénombre du bar, un homme s'avance, un sourire sarcastique sur le visage. C'est Philip Marlowe. « Allons-y, miss Marple, dit-il à la femme. Le père Brown nous attend à Baker Street[1]. »

---

1. Cf. Eco, *Six promenades dans les bois du roman et d'ailleurs.*

Quelques remarques sur les personnages de fiction

Nul besoin d'avoir lu la partition originale pour être familier d'un personnage fluctuant. Nombreux sont ceux qui connaissent Ulysse sans jamais avoir lu l'*Odyssée*, et une multitude d'enfants qui parlent du Petit Chaperon rouge n'ont jamais lu les deux sources principales de l'histoire : Charles Perrault et les frères Grimm.

Devenir une entité fluctuante ne dépend pas des qualités esthétiques de la partition originale. Pourquoi tant de gens pleurent-ils le suicide d'Anna Karénine, alors que seul un petit groupe d'admirateurs de Victor Hugo s'émeuvent de celui de Cimourdain dans *Quatre-Vingt-Treize* ? Personnellement, je suis beaucoup plus touché par le destin de Cimourdain (un héros exceptionnel) que par celui de la pauvre Anna. Tant pis si la majorité est contre moi. Qui, hors de France et à part de fins connaisseurs de la littérature française, se rappelle Augustin Meaulnes ? C'est pourtant le personnage principal d'un merveilleux roman d'Alain-Fournier : *Le Grand Meaulnes*. Certains lecteurs sensibles s'investissent si profondément et passionnément dans ces romans qu'ils accueillent Augustin Meaulnes et Cimourdain au sein de leur club. Mais la plupart des lecteurs contemporains ne s'attendent pas à rencontrer ces personnages au coin de la rue, alors que j'ai lu récemment que, selon une enquête, un cinquième des adolescents britanniques prennent Winston Churchill, Gandhi et Charles Dickens pour

Confessions d'un jeune romancier

des personnages de fiction, mais croient que Sherlock Holmes et Eleanor Rigby sont réels[1]. Aussi semble-t-il que Churchill peut acquérir le statut privilégié d'entité fictionnelle fluctuante, alors qu'Augustin Meaulnes ne le peut pas.

Certains personnages sont plus largement connus par leurs avatars extratextuels que par le rôle qu'ils jouent dans une partition spécifique. Prenons le cas du Petit Chaperon rouge. Dans le texte de Perrault, la fillette est dévorée par le loup et l'histoire s'arrête là, inspirant de sérieuses réflexions sur les risques de l'imprudence. Chez les frères Grimm, le chasseur apparaît, tue le loup et ramène l'enfant et sa grand-mère à la vie. Mais de nos jours, le Petit Chaperon rouge tel qu'il est connu des mères et des enfants n'est ni celui de Perrault, ni celui des Grimm. La fin heureuse est certes issue de la version signée Jacob et Wilhelm Grimm, mais de nombreux autres détails sont une sorte de mélange des deux versions. Le Petit Chaperon rouge que nous connaissons vient d'une *partition fluctuante*, qui est plus ou moins celle que partagent toutes les mères et tous les conteurs pour enfants.

De nombreux personnages mythiques ont appartenu à ce domaine partagé avant d'entrer dans un texte

1. Cf. par exemple Aislinn Simpson, « Winston Churchill Didn't Really Exist » (« Winston Churchill n'a pas vraiment existé »), *Telegraph*, 4 février 2008.

114

Quelques remarques sur les personnages de fiction

particulier. Œdipe a été le protagoniste de maintes légendes orales avant de devenir celui des tragédies de Sophocle. Après toutes les transpositions au cinéma dont ils ont fait l'objet, les Trois Mousquetaires ne sont plus ceux de Dumas. N'importe quel lecteur des histoires de Nero Wolfe sait qu'il habite Manhattan, dans un immeuble en grès situé quelque part dans West 35th Street, mais les romans de Rex Stout mentionnent au moins dix numéros pour cet immeuble. Un moment est venu où, par une sorte d'agrément tacite, les fans de Wolfe se sont convaincus que ce numéro était le 454, et, le 22 juin 1996, la ville de New York et un club appelé le Wolfe Pack ont honoré Rex Stout et Nero Wolfe en dévoilant une plaque en bronze au 454, West 35th Street, certifiant ainsi que l'immeuble en grès fictionnel se trouvait à cet endroit.

De la même façon, Didon, Médée, Don Quichotte, Madame Bovary, Holden Caulfield, Jay Gatsby, Philip Marlowe, l'inspecteur Maigret et Hercule Poirot en sont tous venus à vivre hors de leurs partitions originales, et même les gens qui n'ont lu ni Virgile, ni Euripide, ni Cervantès, ni Flaubert, ni Salinger, ni Fitzgerald, ni Chandler, ni Simenon, ni Agatha Christie peuvent prétendre énoncer des jugements véridiques sur leurs personnages. Indépendants du texte et du monde possible où ils sont nés, ces personnages circulent en quelque sorte parmi nous, et nous avons quelque difficulté à penser à eux comme à autre chose que des personnes réelles. Aussi les prenons-nous non seulement pour modèles de notre vie, mais aussi de la vie des autres, au point de dire que telle ou telle de nos connaissances qu'il n'a pas résolu son complexe d'Œdipe, qu'il a un appétit gargantuesque, qu'il est jaloux comme un Othello, qu'il doute comme Hamlet ou que c'est un vrai Scrooge, ou même un vrai Picsou.

Personnages fictionnels en tant qu'objets sémiotiques

Au point où nous en sommes, et même si j'ai dit que ma réflexion n'était pas de nature ontologique, il m'est impossible de me dérober à la question ontologique fondamentale : quel genre d'entité est un personnage de fiction, et comment, bien qu'il n'existe pas précisément, pouvons-nous dire qu'il *subsiste* ?

Un personnage de fiction est sans conteste un *objet sémiotique*. Par cette expression, j'entends qu'il possède un ensemble de caractéristiques recensées dans l'encyclopédie d'une culture et véhiculées par une expression donnée (un mot, une image ou tout autre dispositif). Un tel groupe de caractéristiques constitue ce que nous appelons la « signification » ou le « signifié » de l'expression. Ainsi le mot « chien » véhicule-t-il comme contenu le fait que nous désignons un animal, un mammifère, un canidé, une créature qui aboie, le meilleur ami de l'homme et de nombreux

Quelques remarques sur les personnages de fiction

autres attributs recensés dans une encyclopédie complète. À leur tour, ces caractéristiques peuvent être *interprétées* par d'autres expressions, et la série de ces interprétations interconnectées constitue toutes les notions concernant ce terme qui sont partagées par une communauté et collectivement accréditées.

Il existe de nombreuses sortes d'objets sémiotiques, dont certains représentent des catégories d'OPhE : ainsi de ceux que véhiculent les noms d'espèces naturelles (comme « cheval ») ou d'espèces artificielles (comme « table ») ; d'autres qui représentent des notions abstraites ou des objets idéaux (comme « liberté » ou « racine carrée ») ; d'autres encore que l'on a étiquetés comme objets sociaux, parmi lesquels les mariages, l'argent, les diplômes universitaires, et en général toute entité possédant la nature d'une loi établie ou d'une convention collective[1]. Mais il existe aussi des objets sémiotiques qui représentent des personnes ou des constructions individuelles et qui portent des noms propres, comme « Boston » ou « John Smith ». Je ne partage pas la théorie de la « désignation rigide », selon laquelle une expression particulière se réfère nécessairement à la même chose dans tous les mondes possibles

---

1. Pour une histoire de la notion d'objet social, de Giambattista Vico et Thomas Reid à John Searle, cf. Maurizio Ferraris, « Scienze sociali » (« Sciences sociales »), *in* M. Ferraris, éd., *Storia dell'ontologia* (« Histoire de l'ontologie »), Milan, Bompiani.

Confessions d'un jeune romancier

en dépit de tout changement de circonstances, et je crois fermement que tout nom propre est comme un crochet où nous suspendons un ensemble de caractéristiques. Ainsi, le nom « Napoléon » transporte-t-il les caractéristiques suivantes : il s'agit d'un homme né à Ajaccio, qui fut général dans l'armée française, se fit couronner empereur, remporta la bataille d'Austerlitz, mourut à Sainte-Hélène le 5 mai 1821, etc.[1]

La majorité des objets sémiotiques partagent un attribut important : ils possèdent un référent possible. En d'autres termes, ils ont la propriété d'être existants (comme « mont Everest ») ou d'avoir existé (comme « Cicéron »), et le plus souvent le terme qui les désigne véhicule aussi des instructions pour l'identification du référent. Des mots comme « cheval » ou « table » représentent des catégories d'OPhE ; des objets idéaux comme « liberté » ou « racine carrée » peuvent être rattachés à des cas individuels concrets (par exemple, la constitution de l'État du Vermont garantit la liberté à tous les citoyens, et 1,7320508075688772 est la racine carrée de 3) ; et on peut en dire autant des objets sociaux (l'événement X est un mariage). Mais il y a des cas d'objets naturels, artificiels, abstraits ou sociaux qui ne peuvent être reliés à aucune expérience individuelle. Ainsi connaissons-nous les caractéristiques supposées

---

1. Cf. par exemple John Searle, « Proper Names » (« Noms propres »), in *Mind*, 67, p. 172.

Quelques remarques sur les personnages de fiction

de la licorne, du Saint-Graal, de la troisième loi de la robotique telle que définie par Isaac Asimov, de Médée et du cercle carré, mais nous sommes conscients de ne pouvoir isoler aucune présence ou instance de ces objets dans notre monde réel.

Je serais tenté d'appeler de telles entités des « objets purement intentionnels » si l'expression n'avait déjà été utilisée par Roman Ingarden pour désigner tout autre chose[1]. Dans la théorie d'Ingarden, un objet purement intentionnel est un artefact comme, par exemple, une église ou un drapeau : la première représente plus que la somme de ses composantes matérielles, le second représente plus qu'un rectangle de tissu coloré, car il est empreint d'une valeur symbolique fondée sur une convention sociale et culturelle. Pour autant, et malgré cette définition, le mot « église » véhicule aussi des critères permettant d'identifier une église, parmi lesquels les matériaux dont elle doit être construite et sa taille moyenne (une mini-réplique en pâte d'amande de la cathédrale de Reims n'est pas une église), et il est

---

1. Cf. Roman Ingarden, *Time and Modes of Being* (« Temps et modes d'être »), trad. Helen R. Michejda, Springfiled, Ill., Charles C. Thomas ; et *idem*, *L'Œuvre d'art littéraire*, Paris, L'Âge d'homme. Pour une critique de la position d'Ingarden, cf. Amie L. Thomasson, « Ingarden and the Ontology of Cultural Objects » (« Ingarden et l'ontologie des objets culturels »), *in* Arkadiusz Chrudzimski, éd., *Existence, Culture and Person : The Ontology of Roman Ingarden*, Francfort, Ontos Verlag.

Confessions d'un jeune romancier

possible de trouver des OPhE qui sont effectivement des églises (comme Notre-Dame à Paris, Saint-Pierre à Rome ou Saint-Basile-le-Bienheureux à Moscou). Si à l'inverse nous définissons les personnages de fiction comme des objets purement intentionnels, nous entendrons par là un ensemble de propriétés qui n'ont pas d'équivalent matériel dans le monde réel. L'expression « Anna Karénine » ne possède nulle part de référent physique, et nous ne pouvons rien trouver dans le monde dont nous puissions dire : « Voici Anna Karénine ». On me permettra donc d'appeler les personnages de fiction des objets *absolument* intentionnels.

Carola Barbero a proposé de définir le personnage de fiction comme un *objet d'un ordre supérieur*, c'est-à-dire un de ces objets qui sont plus que la somme de leurs propriétés. On dira d'un objet d'un ordre supérieur qu'il « dépend *génériquement* (et non *rigidement*) de ses éléments et de ses relations constitutifs – l'adverbe "génériquement" signifiant qu'il a besoin de *certains* éléments rassemblés en une forme spécifique pour être l'objet qu'il est –, mais qu'il *n'a pas exactement besoin* de ces éléments spécifiques[1] ». Ce qui est crucial pour la reconnaissance de l'objet est qu'il maintient une Gestalt, une relation constante entre ses éléments même si ces derniers sont modifiés. Par exemple,

_____

1. Barbero, *Madame Bovary*.

Quelques remarques sur les personnages de fiction

« le train New York-Boston de 16 h 35 » peut être considéré comme un de ces objets, car il reste toujours reconnaissable et demeure le même train même si ses wagons sont changés tous les jours. De surcroît, il reste cet objet reconnaissable même si son existence est niée, comme dans les phrases « le train New York-Boston de 16 h 35 est annulé », ou « en raison d'un problème technique, le train New York-Boston de 16 h 35 partira à 17 heures ». Un autre exemple typique d'objet d'un ordre supérieur est une mélodie. La *Sonate pour piano en* si *bémol majeur opus 35* de Chopin restera reconnaissable même transposée dans une autre tonalité et jouée à la mandoline. J'admets que du point de vue esthétique le résultat sera certainement désastreux, mais le schéma mélodique sera préservé. Et la sonate restera reconnaissable même si l'exécutant manque quelques notes.

Il serait d'ailleurs intéressant de déterminer quelles notes peuvent être manquées sans détruire la Gestalt musicale, et lesquelles sont au contraire essentielles – ou « diagnostiques » – pour que la mélodie reste identifiable. Mais il ne s'agit pas là d'un problème théorique : il regarde plutôt un critique musical, et trouvera différentes solutions selon l'objet analysé.

C'est un point important, car le même problème se pose si, au lieu d'une mélodie, nous analysons un personnage de fiction. Madame Bovary resterait-elle

Confessions d'un jeune romancier

Madame Bovary si elle ne se suicidait pas ? En lisant le roman de Philippe Doumenc dont nous avons parlé, nous avons l'impression d'avoir affaire au même personnage que dans celui de Flaubert. Cette « illusion d'optique » vient du fait que dès le début du livre, Emma Bovary est déjà morte et nous est présentée comme la femme qui s'est *prétendument* suicidée. L'alternative proposée par l'auteur (le fait qu'elle a été assassinée) reste l'opinion personnelle de certains des personnages du roman de Doumenc et ne modifie pas les principaux attributs d'Emma.

Barbero cite une histoire inventée par Woody Allen, « The Kugelmass Episode », où Madame Bovary est amenée par une sorte de machine temporelle dans le New York d'aujourd'hui, où elle vit une histoire d'amour[1]. Elle ressemble à une parodie de l'Emma Bovary de Flaubert : elle porte des vêtements contemporains et fait ses courses chez Tiffany. Mais elle reste reconnaissable parce qu'elle garde la plupart de ses propriétés diagnostiques : elle appartient à la petite bourgeoisie, elle est l'épouse d'un médecin, elle habite d'ordinaire Yonville, elle n'est pas satisfaite de sa vie dans une bourgade de province et elle a un penchant pour l'adultère. Dans l'histoire de Woody Allen, Emma ne se suicide pas, mais – et c'est ce qui est essentiel à

---

1. Woody Allen, « The Kugelmass Episode », *in* Allen, *Side Effects* (« Effets secondaires »), New York, Random House.

Quelques remarques sur les personnages de fiction

l'ironie du récit – elle est un personnage fascinant (et désirable) justement parce qu'elle est tout près de se suicider. Par un procédé de science-fiction, Kugelmass est contraint de pénétrer dans le monde de Flaubert *avant* qu'Emma n'ait sa dernière liaison adultérine, en sorte qu'il n'arrive pas trop tard.

Ainsi constatons-nous que, fût-il transporté dans un contexte différent, un personnage de fiction reste le même pourvu que ses propriétés *diagnostiques* soient préservées. Lesquelles sont effectivement diagnostiques est l'objet de la définition de chaque personnage[1].

Le Petit Chaperon rouge est une fille, elle porte un capuchon rouge et elle rencontre un loup qui va la dévorer après avoir dévoré sa grand-mère. Telles sont ses caractéristiques diagnostiques, même si différentes personnes peuvent se faire une idée différente de son âge exact, du genre de nourriture qu'elle transporte dans son panier, etc. Cette fille *fluctue* de deux façons : elle vit en dehors de la partition originale, et elle est une sorte de nuage dont les contours sont variables et imprécis. Pourtant, certains de ses attributs diagnostiques sont invariables et la rendent reconnaissable même si les contextes et les situations sont différents.

---

1. Sur ces problèmes, cf. Patrizia Violi, *Meaning and Experience* (« Signification et expérience »), trad. Jeremy Carden, Bloomington, Indiana University Press, IIB et III ; cf. aussi Eco, *Kant et l'ornithorynque*.

Confessions d'un jeune romancier

On peut se demander ce qu'il serait advenu du Petit Chaperon rouge si elle n'avait pas rencontré le loup ; mais j'ai trouvé sur divers sites Internet des représentations d'une fille portant un capuchon rouge et dont l'âge varie de cinq à douze ans, et j'ai toujours reconnu la protagoniste du célèbre conte. J'ai aussi trouvé une image montrant une blonde sexy d'une vingtaine d'années portant un chapeau rouge, et je l'ai acceptée comme une représentation du Petit Chaperon rouge parce que la légende la désignait ainsi ; mais j'ai considéré cette image comme une plaisanterie, une parodie, une provocation. Pour être le Petit Chaperon rouge, le personnage doit posséder *deux* propriétés diagnostiques : porter un capuchon rouge et être encore une enfant.

L'existence même des personnages de fiction oblige la sémiotique à réviser certaines de ses approches, qui risquent de sembler trop simples. Le triangle sémantique classique apparaît d'ordinaire comme sur la figure 1. L'inclusion du référent dans le triangle vient de ce que nous utilisons normalement des expressions verbales pour désigner quelque chose qui existe physiquement dans notre monde. J'emboîte le pas à Peter Strawson pour considérer que ce n'est pas l'expression qui mentionne ou se réfère : c'est ce qu'une personne peut faire en employant une expression. Mentionner

124

Quelques remarques sur les personnages de fiction

ou se référer est une fonction de l'*usage* d'une expression[1].

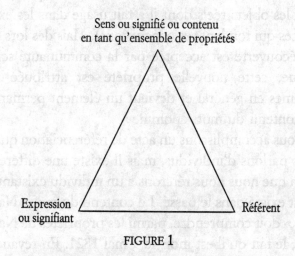

FIGURE 1

Il est douteux que nous accomplissions un acte de référenciation en disant, par exemple, que les chiens sont des animaux ou que tous les chats sont gentils. Il semble plutôt que, dans ce cas, nous prononçons un jugement sur un objet sémiotique donné (ou sur une catégorie d'objets), en lui attribuant des propriétés spécifiques.

En revanche, un scientifique pourrait déclarer qu'il a découvert une nouvelle propriété des pommes et accomplir un acte de référenciation en affirmant dans

---

1. Cf. Peter Strawson, « On Referring » (« Sur la référence »), *Mind*, 59.

Confessions d'un jeune romancier

ses protocoles qu'il a testé cette propriété sur les pommes réelles et individuelles A, B et C (pour désigner les objets réels dont il a fait usage dans les expériences qui fondent ses conclusions). Mais dès lors que sa découverte est acceptée par la communauté scientifique, cette nouvelle propriété est attribuée aux pommes en général et devient un élément permanent du contenu du mot « pomme ».

Nous accomplissons un acte de référenciation quand nous parlons d'individus, mais il existe une différence selon que nous nous référons à un individu existant ou ayant existé dans le passé. Le contenu du mot « Napoléon » doit comprendre, parmi les propriétés de Napoléon, le fait qu'il est mort le 5 mai 1821. En revanche, les propriétés du mot « Obama », prononcé en 2010, doivent comprendre le fait qu'il est vivant et président des États-Unis[1].

La différence entre la référence à un individu vivant et à un individu ayant vécu dans le passé peut être représentée par deux triangles sémiotiques différents, comme on le voit sur les figures 2 et 3. Dans ce cas, le locuteur qui dit *p* en se référant à Obama invite l'auditeur à vérifier *p* (s'il le souhaite) dans une situation

---

1. Il va de soi que les encyclopédies doivent être régulièrement mises à jour. Le 4 mai 1821, l'encyclopédie publique devait présenter Napoléon comme un ancien empereur toujours vivant en exil sur l'île de Sainte-Hélène.

Quelques remarques sur les personnages de fiction

spatio-temporelle précise du monde physiquement existant[1]. À l'inverse, celui qui dit *p* au sujet de Napoléon n'invite personne à vérifier *p* dans un monde passé. À moins de disposer d'une machine à remonter le temps, nul ne peut se transporter dans le passé pour vérifier si Napoléon a bien été vainqueur à Austerlitz. Toute assertion concernant Napoléon réaffirme les propriétés véhiculées par le mot « Napoléon », ou fait état d'un document nouvellement découvert qui change ce que nous croyions au sujet de ce personnage : par exemple, qu'il est mort non le 5, mais le 6 mai 1821. C'est seulement quand la communauté scientifique aura vérifié que le document est un OPhE que nous pourrons passer à la correction de l'encyclopédie, c'est-à-dire à la correction des caractéristiques attribuées à Napoléon en tant qu'objet sémiotique.

On pourrait concevoir que Napoléon devînt le personnage principal d'une reconstruction biographique (ou d'un roman historique) qui entreprendrait de le faire revivre dans son temps, en reconstituant ses actions et même ses pensées et ses sentiments. Dans ce cas, Napoléon serait très similaire à un personnage de

---

1. Dans des cas difficiles à vérifier *de visu* (par exemple, si *p* est l'affirmation qu'Obama a visité Bagdad hier), nous nous fions à des « prothèses » (comme les journaux et la télévision) qui sont censées nous permettre de vérifier ce qui s'est réellement passé *dans ce monde*, même si l'événement est hors de notre portée perceptuelle.

Confessions d'un jeune romancier

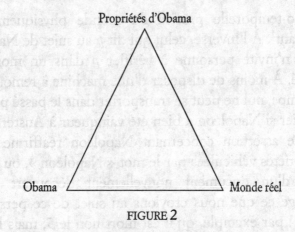

FIGURE 2

fiction. Nous savons qu'il a réellement existé, mais pour examiner sa vie et même y participer, nous nous efforçons d'imaginer son monde passé comme si c'était le monde possible d'un roman.

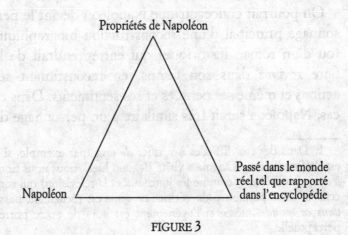

FIGURE 3

Quelques remarques sur les personnages de fiction

Mais que se passe-t-il dans le cas d'un personnage de fiction ? Certains, c'est vrai, nous sont présentés comme des individus ayant vécu dans le passé, au moyen d'un « il était une fois » ou de son équivalent (comme le Petit Chaperon rouge ou Anna Karénine) ; mais nous avons aussi reconnu que, par la vertu d'un accord narratif, le lecteur est censé tenir pour vrai ce qui lui est raconté et faire comme s'il vivait dans le monde possible du récit comme si c'était son monde réel. Peu importe que ce récit parle d'une personne prétendument vivante (comme tel détective exerçant actuellement ses talents à Los Angeles) ou d'une personne prétendument morte. C'est comme si quelqu'un nous disait que *dans ce monde* un de nos parents vient de mourir : notre investissement émotionnel concernerait quelqu'un qui est toujours présent dans le monde de notre expérience.

Le triangle sémantique devrait alors prendre la forme qui apparaît sur la figure 4.

Nous pouvons maintenant mieux comprendre comment nous pouvons nous investir émotionnellement dans le sort des habitants d'un monde fictionnel possible comme s'il s'agissait de personnes réelles. Ce n'est qu'en partie pour la même raison qui nous fait nous émouvoir d'une rêverie où meurt un être aimé, car dans ce cas, le mirage passé, nous revenons à notre vie de tous les jours et prenons conscience que nous

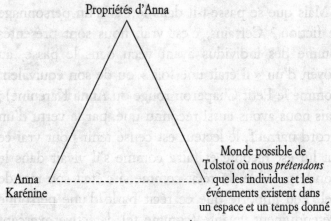

FIGURE 4

n'avons pas à nous inquiéter. Mais que se passerait-il si nous vivions dans une rêverie ininterrompue ?

Pour être en permanence émotionnellement investis dans le sort des habitants d'un monde fictionnel possible, nous devons satisfaire à deux exigences : (1) vivre dans ce monde fictionnel possible comme si c'était une rêverie ininterrompue ; et (2) nous comporter comme si nous étions un des personnages.

Nous avons constaté que les personnages de fiction sont nés à l'intérieur du monde possible du récit et que, s'ils deviennent des entités fluctuantes et quand ils le deviennent, ils apparaissent dans d'autres récits ou appartiennent à une partition fluctuante. Nous avons aussi constaté que, selon un accord tacite auquel souscrit normalement tout lecteur de romans, nous

Quelques remarques sur les personnages de fiction

faisons comme si nous prenions au sérieux ces mondes fictionnels possibles. Et il se peut qu'après notre entrée dans un monde narratif particulièrement absorbant et captivant, une stratégie textuelle provoque quelque chose de similaire à un raptus mystique ou à une hallucination, et que nous *oubliions* tout simplement que nous sommes entrés dans un monde qui n'est que possible.

Cela se produit surtout quand nous rencontrons un personnage dans sa partition originale ou dans un nouveau contexte spécialement séduisant ; mais comme ces personnages sont fluctuants, et, pour ainsi dire, vont et viennent dans et hors de notre esprit (comme les femmes du monde de J. Alfred Prufrock qui parlent de Michel-Ange), ils sont toujours prêts à nous fasciner et à nous faire croire qu'ils sont parmi nous.

Quant à la seconde exigence, pour peu que nous vivions dans un monde possible comme si c'était notre monde réel, nous pouvons être déconcertés de n'y être pas formellement « enregistrés ». Mais ce monde possible n'a rien à voir avec nous, et nous y évoluons comme si nous étions la balle perdue de Julien Sorel ; pourtant, notre investissement émotionnel nous conduit à prendre la personnalité de quelqu'un d'autre, d'une personne qui a le droit de vivre là. Ainsi nous identifions-nous avec un des personnages.

Quand nous nous réveillons d'une rêverie qui nous a fait imaginer la mort d'une personne chère, nous

Confessions d'un jeune romancier

prenons conscience que cela n'était pas vrai ; et ce que nous considérons comme vrai, c'est l'affirmation : « Celui (celle) que j'aime est vivant(e) et se porte bien. » Au contraire, quand s'achève l'hallucination fictionnelle – quand nous cessons de faire comme si nous étions le personnage de fiction, parce que, pour reprendre les termes de Paul Valéry, « le vent se lève, il faut tenter de vivre » –, nous continuons de considérer comme vrai qu'Anna Karénine s'est suicidée, qu'Œdipe a tué son père et que Sherlock Holmes habite Baker Street.

Je reconnais qu'il s'agit d'un comportement très particulier, mais c'est le plus souvent ainsi que les choses se passent. Après avoir versé des larmes, nous refermons le roman de Tolstoï pour retourner à l'ici-et-maintenant. Cependant, nous continuons de tenir pour acquis qu'Anna Karénine s'est suicidée, et, à nos yeux, une personne qui prétendrait qu'elle a épousé Heathcliff aurait l'esprit quelque peu dérangé.

Du fait qu'ils sont des entités fluctuantes, ces fidèles compagnons de nos vies (à la différence d'autres objets sémiotiques, qui sont culturellement sujets à révision[1])

---

1. On pourrait être tenté de dire que les entités mathématiques sont, elles, immunisées contre toute révision. Pourtant, même le concept de lignes parallèles a changé après l'apparition de la géométrie non euclidienne, et nos idées sur l'hypothèse de Fermat n'ont plus été les mêmes après 1994 et le travail du mathématicien britannique Andrew Wiles.

Quelques remarques sur les personnages de fiction

ne changeront jamais et resteront pour toujours les agents de leurs actions. Et en raison de l'inaltérabilité de leurs actes, nous pourrons toujours affirmer qu'ils possédaient certaines qualités et se sont comportés de certaines façons. Clark Kent est Superman maintenant et jusqu'à la fin des temps.

Autres objets sémiotiques

Y a-t-il quelqu'un d'autre qui partage le même destin ? Oui : les héros et les dieux de toutes les mytho-logies ; les êtres légendaires comme les licornes, les elfes, les fées et le père Noël ; et presque toutes les entités révérées par les diverses religions du monde. Il va de soi que pour un athée *toutes* les entités religieuses relèvent de la fiction, alors que pour un croyant il existe un monde spirituel d'« objets surnaturels » (divinités, anges, etc.) inaccessible à nos sens, mais absolument « réel » (et en ce sens, un athée et un croyant se fondent sur deux ontologies différentes). Mais si les catholiques romains croient qu'un Dieu personnel existe et que le Saint-Esprit procède de Lui et de Son Fils, alors ils doivent considérer Allah, Shiva et le Grand Esprit des prairies comme de simples fictions, inventées par des récits sacrés. De même, pour un bouddhiste, le Dieu de la Bible est un personnage fictionnel comme le Gitchi Manitou des Algonquins pour un musulman ou

Confessions d'un jeune romancier

un chrétien. Ainsi, pour l'adepte d'une foi particulière, toutes les entités religieuses des autres cultes – autrement dit leur immense majorité – sont des personnages de fiction ; de sorte que nous sommes amenés à tenir quelque quatre-vingt-dix pour cent de toutes les entités religieuses pour des fictions.

Les termes qui désignent les entités religieuses ont une référence sémantique duelle. Pour un sceptique, Jésus-Christ est un OPhE qui a existé trente-trois ans au début du premier millénaire ; pour un chrétien, il est aussi un objet qui continue de subsister (au ciel, selon l'imagerie populaire), mais selon un mode d'existence immatériel[1]. Les cas de référence sémantique duelle sont nombreux. Mais s'il s'agit d'établir quelles sont les vraies croyances des gens ordinaires, rappelons que certains Britanniques (nous l'avons mentionné plus haut) croient fermement que Sherlock Holmes était un personnage réel. De même, on connaît beaucoup de poètes chrétiens qui ont commencé leurs poèmes en invoquant les Muses ou Apollon, sans qu'il soit possible de dire s'ils ont usé d'un topos littéraire ou s'ils avaient une forme de foi en ces divinités de l'Olympe. De nombreux personnages mythologiques sont devenus

1. Pour être rigoureux, nous devrions dire que l'expression « Jésus-Christ » se réfère à deux objets différents, et que, lorsque quelqu'un prononce ce nom, nous devrions, pour définir son sens, déterminer quel genre de convictions religieuses (ou non religieuses) professe celui qui parle.

Quelques remarques sur les personnages de fiction

les protagonistes de récits écrits, et, symétriquement, de nombreux personnages de récits sans rapport avec les religions ou les mythes sont devenus très similaires aux héros des fables mythologiques. Les frontières entre les figures légendaires, les divinités mythiques, les personnages littéraires et les entités religieuses sont souvent assez imprécises.

Le pouvoir éthique des personnages de fiction

Nous avons dit qu'à la différence de tous les autres objets sémiotiques, qui sont culturellement sujets à révision et peut-être similaires aux seules entités mathématiques, les personnages de fiction ne changeront jamais et resteront toujours les agents de leurs actes. C'est justement pour cette raison qu'ils sont si importants pour nous, en particulier d'un point de vue moral.

Imaginons que nous assistons à une représentation de l'*Œdipe roi* de Sophocle. Quel est alors notre désir ? Nous voulons désespérément qu'Œdipe prenne une autre route que celle où il rencontrera et tuera son père. Nous nous demandons pourquoi il est allé finir à Thèbes et non, par exemple, à Athènes, où il aurait pu épouser une Phryné, une Aspasie. Pareillement, nous lisons *Hamlet* en nous demandant pourquoi ce garçon sympathique n'a pas pu épouser Ophélie et vivre avec elle de longues années de bonheur matrimonial après

Confessions d'un jeune romancier

avoir tué son gredin d'oncle Claudius et banni gentiment sa mère loin d'Elseneur. Et pourquoi Heathcliff n'a-t-il pu montrer un peu plus de force d'âme pour affronter ses humiliations, en attendant de pouvoir épouser Catherine et de vivre avec elle en *gentleman* campagnard respecté ? Pourquoi le prince Andreï ne pouvait-il se remettre de sa maladie et épouser Natacha ? Pourquoi Raskolnikov a-t-il l'idée morbide d'assassiner une vieille usurière au lieu d'achever ses études et de devenir un professionnel estimé ? Pourquoi, quand Gregor Samsa est transformé en un affreux insecte, ne voit-on pas surgir une belle princesse qui, d'un baiser, fasse de lui le plus séduisant jeune homme de Prague ? Pourquoi, dans les arides collines d'Espagne, Robert Jordan ne peut-il l'emporter sur ces salauds de fascistes et rejoindre sa douce Maria ?

En principe, nous pouvons faire en sorte que tout cela se produise : il nous suffit de réécrire *Œdipe roi*, *Hamlet*, *Les Hauts de Hurlevent*, *Guerre et paix*, *Crime et châtiment*, *La Métamorphose* et *Pour qui sonne le glas*. Mais qui le désire vraiment ?

La triste expérience de découvrir qu'en dépit de nos souhaits Hamlet, Robert Jordan et le prince Andreï sont voués à la mort – que les choses se passent d'une certaine façon et ainsi pour toujours, en dépit des aspirations et des espoirs que nous formons au cours de notre lecture – nous fait trembler comme si nous sentions sur nous le doigt du destin. Nous prenons

Quelques remarques sur les personnages de fiction

conscience que nous ne pourrons savoir si le capitaine Achab capturera la baleine blanche. La véritable leçon de *Moby Dick*, c'est que la baleine va où bon lui semble. Ce que les grandes tragédies ont d'irrésistible procède du fait que leurs héros, au lieu d'échapper à un destin atroce, plongent au fond de l'abîme (qu'ils ont en général creusé de leurs propres mains) parce qu'ils n'ont aucune idée de ce qui les attend ; et nous, qui voyons clairement vers quoi ils courent comme des aveugles, ne pouvons pas les arrêter. Nous avons un accès cognitif au monde d'Œdipe, et nous savons tout de lui et de Jocaste ; mais eux, bien qu'ils vivent dans un monde qui dépend parasitairement du nôtre, ne savent en revanche rien de nous. Les personnages de fiction ne peuvent communiquer avec les hommes et les femmes qui vivent dans le monde réel[1].

Ce problème n'est pas aussi anecdotique qu'il y paraît. Essayons plutôt de le prendre au sérieux. Œdipe ne peut concevoir le monde de Sophocle, sinon il n'épouserait pas sa mère. Les personnages de fiction vivent dans un monde incomplet, ou – pour être plus cru et politiquement incorrect – dans un monde *handicapé*.

Mais pour peu que nous comprenions véritablement leur destin, nous commençons à soupçonner que nous aussi, les citoyens de l'ici-et-maintenant, nous

---

1. Sur ces questions, cf. Eco, *Lector in fabula*.

Confessions d'un jeune romancier

rencontrons souvent notre destin tout simplement parce que nous pensons notre monde comme les personnages de fiction pensent le leur. La fiction nous suggère que, peut-être, la vision que nous nous formons du monde réel est aussi imparfaite que la vision des personnages de fiction sur celui où ils évoluent. Voilà pourquoi les grands personnages de fiction deviennent si souvent de suprêmes exemples de la condition humaine « réelle ».

4

Mes listes

J'ai reçu une éducation catholique, et donc acquis de bonne heure l'habitude de réciter et d'écouter des litanies. D'ordinaire, il s'agit de listes d'expressions de louange, comme les litanies à la Vierge : « *Sancta Maria* », « *Sancta Dei genitrix* », « *Sancta Virgo virginum* », « *Mater Christi* », « *Mater divinae gratiae* », « *Mater purissima* », et ainsi de suite.

Les litanies, comme les annuaires téléphoniques et les catalogues, sont un type de liste. Elles sont une *énumération*. Au début de ma carrière d'auteur de fiction, peut-être n'avais-je encore pas conscience de mon penchant pour les listes. Maintenant, après cinq romans et plusieurs autres tentatives littéraires, j'en suis arrivé à pouvoir dresser une liste complète de toutes mes listes. Mais cette entreprise prendrait trop de temps ; aussi me bornerai-je à citer quelques-unes de mes énumérations et, pour preuve de mon humilité, à

139

Confessions d'un jeune romancier

les comparer à certains des plus grands catalogues de l'histoire de la littérature mondiale.

Listes pratiques et poétiques

Avant tout, il convient de distinguer entre les listes « pratiques » (ou « pragmatiques ») et celles qu'on peut qualifier de « littéraires », ou de « poétiques », ou encore d'« esthétiques » (ce dernier adjectif étant plus englobant que les deux qui précèdent, car il n'y a pas seulement les listes verbales, mais aussi les visuelles, les musicales, les gestuelles[1]).

Une liste pratique peut être une liste de courses à faire, un catalogue de bibliothèque, l'inventaire des objets qui se trouvent dans un endroit (par exemple un bureau, des archives, un musée), un menu de restaurant ou même un dictionnaire, qui consigne tous les mots du lexique d'une langue donnée. De telles listes ont une fonction purement référentielle, car leurs éléments désignent des objets correspondants ; et si ces objets n'existaient pas, la liste ne serait qu'un faux document. Puisqu'elles mentionnent des choses qui existent – qui sont physiquement présentes quelque part –, les listes pratiques sont *finies*. Pour cette raison,

---

1. Cf. Umberto Eco, *Vertige de la liste*, trad. Myriem Bouzaher, Paris, Flammarion.

Mes listes

on ne peut les altérer (au sens où il serait absurde d'inclure dans le catalogue d'un musée un tableau qui n'appartient pas à ses collections).

À l'inverse, les listes poétiques sont *ouvertes* et présupposent en quelque sorte un *et cetera* final. Elles visent à suggérer une infinité de personnes, d'objets ou d'événements, et ce pour deux raisons : (1) l'écrivain est conscient que la quantité d'éléments est trop immense pour être enregistrée ; (2) l'écrivain prend plaisir – parfois un plaisir simplement auditif – à une énumération sans fin[1].

---

1. Sur la différence entre listes « pragmatiques » et « littéraires », cf. Robert E. Belknap, *The List*, New Haven, Yale University Press, 2004. On trouvera une bonne anthologie des listes littéraires dans Francis Spufford, éd., *The Chatto Book of Cabbages and Kings : Lists in Literature*, Londres, Chatto and Windus, 1989. Belknap estime que les listes « pragmatiques » peuvent être augmentées à l'infini (un annuaire téléphonique, par exemple, peut s'allonger chaque année, et nous pouvons aussi allonger notre liste de courses à faire sur le chemin des magasins), alors que les listes qu'il appelle « littéraires » sont selon lui fermées en raison des contraintes formelles de l'œuvre qui les contient (mètre, rythme, forme sonnet, etc.). Il me semble que cet argument peut être facilement renversé : attendu qu'une liste pratique désigne une série finie d'objets *à un moment donné*, elle est nécessairement finie. On peut certainement l'augmenter, comme cela se passe pour les annuaires téléphoniques, mais l'annuaire de 2008, comparé à celui de 2007, est simplement *une autre liste*. À l'inverse, malgré les contraintes imposées par les techniques artistiques, toutes les listes poétiques que je citerai à partir de maintenant sont extensibles *ad infinitum*.

141

Confessions d'un jeune romancier

À leur façon, les listes pratiques constituent une forme, car elles confèrent une unité à un ensemble d'objets qui, pour dissemblables qu'ils soient, sont soumis à une *pression contextuelle* : ils ne sont reliés que parce qu'ils sont tous réunis au même endroit ou parce qu'ils constituent l'objectif d'un certain projet (comme la liste des invités à une réception). Une liste pratique n'est jamais incongrue pourvu qu'on puisse identifier le critère de regroupement qui la gouverne. Dans le roman de Thornton Wilder *The Bridge of San Luis Rey* (« Le pont de San Luis Rey »), on trouve par exemple un groupe de gens qui n'ont rien en commun hormis le *fait accidentel* qu'ils passaient tous sur le même pont au moment précis où celui-ci s'est effondré.

Un excellent modèle de liste pratique est la fameuse *aria del catalogo* chantée par Leporello dans le *Don Giovanni* de Mozart. Don Giovanni a séduit un grand nombre de femmes de son pays, jeunes filles, paysannes, dames de la ville, baronnes, comtesses, marquises, princesses : des femmes de tout rang, de toute apparence, de tout âge. Mais son valet Leporello est un comptable précis, et son catalogue est mathématiquement complet :

> En Italie, six cent quarante ;
> En Allemagne, deux cent trente et une ;
> Cent en France, en Turquie quatre-vingt-onze ;
> Mais en Espagne, elles sont déjà mille trois.

Mes listes

Cela fait deux mille soixante-cinq en tout, pas une de plus, pas une de moins. Si dans la journée Don Giovanni parvenait à séduire Zerlina ou Donna Anna, la liste ne serait plus la même.

La raison pour laquelle on dresse des listes pratiques est évidente. Mais des listes poétiques ?

La rhétorique de l'énumération

Répétons-le, si les écrivains rédigent des listes, c'est soit que le nombre d'éléments auquel ils ont affaire est si grand qu'il dépasse leur capacité à le maîtriser, soit qu'ils sont amoureux du son des mots qui nomment une série d'objets. Dans ce dernier cas, on passe d'une liste de *référents* et de *signifiés* à une liste de *signifiants*.

Pensons à la généalogie de Jésus au début de l'évangile selon saint Matthieu. Nous sommes libres de mettre en doute l'existence historique de beaucoup de ces ancêtres, mais il ne fait pas de doute que Matthieu (ou le rédacteur auquel on donne ce nom) a voulu introduire des personnages « réels » dans le monde de ses croyances, en sorte que la liste possède une valeur pratique et une fonction référentielle. À l'inverse, les litanies à la Bienheureuse Vierge Marie – un catalogue d'attributs empruntés à des passages des Écritures ou à la tradition et à la dévotion populaire – doivent être récitées comme un mantra, à la manière du « *Om mani*

Confessions d'un jeune romancier

padme hûm » des bouddhistes. Il n'importe guère que la *Virgo* soit *potens* ou *clemens* (et de toute façon, jusqu'au concile Vatican II, les litanies étaient récitées en latin et la majorité des fidèles ne comprenaient pas cette langue). Ce qui importe, c'est qu'on soit saisi par le son hypnotique de la liste. C'est comme pour les litanies des saints : ce qui importe n'est pas quels noms sont cités ou omis, mais le fait qu'ils soient rythmiquement énoncés durant un laps de temps suffisamment prolongé.

C'est ce dernier type de motivation qui a fait l'objet d'analyses et de définitions nombreuses de la part des anciens rhétoriciens, qui ont examiné de multiples cas où il était moins important de signaler des quantités inépuisables que d'attribuer aux choses des propriétés, sur le mode agrégatif, et souvent par pure jouissance de l'itération.

Les diverses formes de listes consistent en général en *accumulations*, c'est-à-dire en séquences et en juxtaposition de termes linguistiques appartenant à la même sphère conceptuelle. Une forme d'accumulation de ce type était appelée *enumeratio*, et elle apparaît régulièrement dans la littérature médiévale. Parfois, les termes de la liste semblent manquer de cohérence et d'homogénéité, car le but est de définir les propriétés de Dieu ; or Dieu, selon le Pseudo-Denys l'Aréopagite, ne peut être décrit qu'au moyen d'images dissemblables. C'est pourquoi, au Ve siècle, saint Ennode de

Mes listes

Pavie a écrit que le Christ était « source, chemin, justice, roc, lion, porteur de lumière, agneau ; porte, espoir, vertu, mot, sagesse, prophète ; victime, héritier, pasteur, montagne, lacs, colombe ; flamme, géant, aigle, époux, patience, ver[1] ». De telles listes, comme les litanies à la Vierge, sont qualifiées de *panégyriques* ou d'*encomiastiques*.

Une autre forme d'accumulation est représentée par les *congeries* : des séquences de mots ou d'expressions signifiant la même chose et par lesquels la même pensée est reproduite d'une myriade de façons. Les congeries correspondent au principe de l'« amplification oratoire », fameusement illustré par Cicéron dans son premier discours contre Catilina devant le Sénat romain (63 avant J.-C.) : « Jusqu'à quand, Catilina, abuseras-tu de notre patience ? Combien de temps encore serons-nous ainsi le jouet de ta frénésie ? Où s'arrêteront les emportements de cette audace effrénée que tu nous manifestes ? Ni la garde qui veille la nuit sur le mont Palatin, ni les postes répandus dans la ville, ni l'effroi du peuple, ni le concours de tous les bons citoyens, ni le choix, pour la réunion du Sénat, de ce lieu sûr entre tous, ni les regards ni les visages de ce corps vénérable qui t'entoure, rien ne te déconcerte ? Ne sens-tu pas que tes projets sont dévoilés ? Ne vois-tu pas que ta

---

1. Ennode de Pavie, *Carmina*, livre IX, section 323C, in *Patrologia latina*, éd. J.-P. Migne, vol. 63 (Paris, 1847)

Confessions d'un jeune romancier

conjuration reste impuissante, dès lors que nous en connaissons tous ici le secret[1] ? » Et ainsi de suite.

Une forme légèrement différente est l'*incrementum*, également dénommée *climax* ou *gradatio*. Même si les mots s'y réfèrent toujours à un même champ conceptuel, à chaque étape ils disent quelque chose de plus, ou manifestent un surcroît d'intensité. Un exemple peut également en être trouvé dans le premier discours de Cicéron contre Catilina : « Il n'est pas une de tes actions, pas un de tes projets, pas une de tes pensées, non seulement dont on ne m'instruise, mais encore que je ne voie, que je ne connaisse dans tous ses détails[2]. »

La rhétorique classique définit aussi l'énumération par l'*anaphore*, par l'*asyndète* et par la *polysyndète*. L'anaphore est la répétition du même mot au début de chaque phrase ou de chaque vers. Le résultat ne constitue pas toujours ce que nous appelons une liste. On trouve un bel exemple d'anaphore dans le poème *Possibilités*, de Wisława Szymborska.

Je préfère les films.
Je préfère les chats.
Je préfère les chênes le long de la Warta.
Je préfère Dickens à Dostoïevski.

---

1. Cicéron, *Discours contre Catilina*, Paris, Les Belles-Lettres.
2. *Ibid.*

Mes listes

Je me préfère aimante avec les gens qu'aimant toute l'humanité.

Je préfère garder une aiguille et du fil à portée de main, au cas où.

Je préfère la couleur verte[1].

Et ainsi de suite, pendant trente-six vers.

L'asyndète est une stratégie rhétorique qui consiste à éliminer les conjonctions entre les éléments d'une série. Un bon exemple en est le célèbre incipit du *Roland furieux* de l'Arioste : « Les dames, les chevaliers, les armes, les amours / les courtoisies, les audacieuses entreprises, voilà ce que je chante. »

Le contraire de l'asyndète est la polysyndète, qui relie *tous* les éléments par des conjonctions. Au chant II du *Paradis perdu* de Milton, le vers 949 illustre l'asyndète, tandis que le suivant est un exemple de polysyndète :

Avec la tête, les mains, les ailes, les pieds,
il poursuit son chemin,
Et nage, ou sombre, ou passe à gué,
ou rampe, ou vole.

Mais la rhétorique traditionnelle ne propose pas de définition spécifique de ce qui nous frappe comme la

---

1. Wisława Szymborska, *Nothing Twice*, trad. Stanisław Baranczak et Claire Cavanagh (Cracovie, Wydawnictwo Literackie, 1997).

Confessions d'un jeune romancier

vertigineuse voracité de la liste, en particulier des longues listes d'objets assortis, comme dans ce bref passage du roman d'Italo Calvino, *Le Chevalier inexistant* :

> Il faut avoir de la compassion pour nous, les filles de la campagne... À part les offices religieux, les triduums, les neuvaines, le travail aux champs, le battage, la vendange, les serviteurs à fouetter, l'inceste, les incendies, les pendaisons, les armées d'invasion, le sac, le viol et les épidémies, nous n'avons rien vu[1].

Au temps où j'écrivais ma thèse de doctorat sur l'esthétique au Moyen Âge, j'ai lu beaucoup de poésie de cette époque et découvert combien elle manifestait un goût passionné pour les énumérations. Prenons par exemple cet éloge de la ville de Narbonne sous la plume de saint Sidoine Apollinaire, qui vivait au Ve siècle :

> *Salve Narbo, potens salubritate, urbe et rure simul bonus videri, muris, civibus, ambito, tabernis, portis, porticibus, foro, theatro, delubris, capitoliis, monetis, thermis, arcibus, horreis, macellis, pratis, fontibus, insulis, salinis, stagnis, flumine, merce, ponte, ponto ; unus qui venerere iure divos Laeneum, Cererem, Palem, Minervam spicis, palmite, pascuis, trapetis.*

---

1. Italo Calvino, *Le Chevalier inexistant*, Paris, Points Seuil.

Mes listes

Nul besoin de connaître le latin pour apprécier de telles listes. Ce qui compte est l'obstination de l'énumération : le sujet de la liste – ici, les éléments architecturaux de la ville – n'a pas d'importance. Le seul vrai dessein d'une bonne liste est de transmettre l'idée de l'infini et le vertige de l'*et cetera*.

En grandissant en âge et en sagesse, j'ai découvert les listes de Rabelais et de Joyce. Ces listes représentent une part immense de la production de chacun de ces auteurs. Mais comme je ne peux éviter ces modèles, qui ont joué un rôle décisif dans mon devenir d'écrivain, qu'on me permette de citer au moins deux passages.

Le premier est issu de *Gargantua* :

Là on jouait :
Au flux, à la condemnade, à la prime, à la carte virade, à la vole, au maucontent, à la pille, au lansquenet, à la triomphe, au cocu, à la picardie, à qui a si parle, au cent, à pille, nade, jocque, fore, à l'espinai, à mariage, à la malheureuse, au gai, au fourbi, à l'opinion, à passe dix, à qui fait l'un fait l'autre, à trente et un, à la séquence, à pair et séquence, aux luettes, à trois cents, au taraud, au malheureux, à coquinbert, qui gagne-perd, au beliné, au pies, au torment, à la corne, à la ronfle, au bœuf violé, au glic, à la cheveche, aux honneurs, à je te pince sans rire, à la mourre, à picoter, aux eschets, à déferrer l'âne, au renard, à laiau

Confessions d'un jeune romancier

tru, aux marelles, au bourry, bourryzou, aux vaches, à je m'assis, à la blanche, à la barbe d'oribus, à la chance, à la bouquine, à trois dés, à tire la broche, au tables, à la boutte foyre, à la nicnocque, à compere, prestez moi votre sac, au lourche, à la renette, à la couille de bélier, au barignin, à boute hors, au trictrac, à figues de Marseille, à toutes tables, à la mousque, au tables rabatues, à l'archer tru, au reniguebieu, à escorcher le renard, au forcé, à la ramasse, au dames, au croc madame, à la babou, à vendre l'avoine...

Et ainsi de suite, sur plusieurs pages.

Le second est extrait d'*Ulysse* de Joyce, et ne représente qu'une petite partie de son dix-septième chapitre (qui compte plus de cent pages). Il ne fait la liste que de quelques-uns des objets que Bloom peut trouver dans la desserte de sa cuisine :

Que contenait le premier tiroir déverrouillé ?

Un cahier d'écriture Vere Foster, propriété de Milly (Millicent) Bloom, dont certaines pages présentaient des dessins schématiques, marqués *Papli*, montrant une grosse tête globulaire avec 5 cheveux dressés, 2 yeux de profil, le torse de face avec 3 gros boutons, 1 pied triangulaire ; 2 photographies jaunies de la reine Alexandra d'Angleterre et de Maud Branscombe, actrice et beauté professionnelle ; une carte de Noël, portant la reproduction picturale d'une plante parasite, la légende *Maspha*, la date Noël 1892, les noms

Mes listes

des expéditeurs : de la part de M. & Mme M. Comerford, le versiculet : *Que ce Noël vous apporte sagesse, joie, sérénité et allégresse* ; un morceau de cire à cacheter rouge partiellement liquéfié, provenant du grand magasin Messrs Hely's, Ltd., 89, 90 et 91 Dame Street ; une boîte contenant le reste d'une grosse de plumes dorées « J », provenant du même rayon dans le même magasin ; un vieux sablier qui roulait contenant du sable qui roulait ; une prophétie scellée (jamais descellée) rédigée par Leopold Bloom en 1886, concernant les conséquences de l'adoption du projet de loi de Home Rule de William Ewart Gladstone de 1886 (jamais adopté comme loi) ; un ticket de vente de charité, nº 2004, de S. Kevin Charity Fair, prix 6 pence, 100 lots ; une épître infantile, datée, petit el lundi, où on lisait : pé majuscule Papli virgule cé majuscule Comment vas-tu point d'interrogation ji majuscule Je vais très bien point à la ligne signature avec un em majuscule et enjolivures Milly pas de point ; un camée monté en broche, propriété d'Ellen Bloom (née Higgins), décédée ; un camée monté en épingle de foulard, propriété de Rudolph Bloom (né Virag), décédé ; 3 lettres dactylographiées, destinataire Henry Flower, poste restante Westland Road, expéditeur Martha Clifford, poste restante Dolphin's Barn ; le nom et l'adresse de l'expéditrice des 3 lettres translittérées selon un cryptogramme quadrilinéaire pointé boustrophédontique alphabétique inversé (voyelles supprimées) N.IGS./WI.UU.OX/W.OKS.MH/Y.IM ; une coupure d'un périodique hebdomadaire anglais, *Modern*

Confessions d'un jeune romancier

Society, sujet châtiments corporels dans les écoles de filles ; un ruban rose qui avait festonné un œuf de Pâques en l'an 1899 ; deux préservatifs en caoutchouc partiellement déroulés avec réservoir, achetés par la poste à la Boîte postale 32, poste restante Charing Cross, Londres, W. C. ; un paquet d'1 douzaine d'enveloppes de papier couché-crème et de papier à lettres ligné-fin à filigrane, dont 3 manquaient à présent ; quelques pièces de monnaie assorties d'Autriche-Hongrie ; 2 billets de la Loterie Royale et Privilégiée de Hongrie ; une loupe peu puissante[1]...

Au début des années soixante, c'est sous de telles influences et avec un goût rabelaisien pour l'accumulation que j'ai écrit une lettre à mon fils (alors âgé d'un an) pour lui annoncer mon intention de lui faire cadeau au plus vite de nombreuses armes-jouets, afin de faire de lui un pacifiste convaincu quand il serait grand. Voici l'arsenal que je lui ai promis :

Tes cadeaux seront donc des armes. Des fusils à double canon. Des fusils à répétition. Des pistolets-mitrailleurs. Des bombardes. Des bazookas. Des sabres. Des armées de soldats de plomb en tenue de combat. Des châteaux-forts avec des ponts-levis. Des forteresses à assiéger. Des casemates, des poudrières,

---

1. James Joyce, *Ulysse*, trad. Tiphaine Samoyault, Paris, Gallimard.

Mes listes

des destroyers et des avions de chasse. Des mitrail-
lettes, des poignards, des revolvers. Des Colts et des
Winchesters. Des Chassepots, des 91, des Garands,
des obus, des arquebuses, des couleuvrines, des lance-
pierres, des arbalètes, des plombs, des catapultes, des
lance-flammes, des grenades, des balistes, des épées,
des piques, des béliers, des hallebardes et des grappins.
Et des pièces de huit comme celles du capitaine Flint
(pour te rappeler Long John Silver et Ben Gunn), et
des dagues comme celles qui plaisaient tant à Don
Barrejo, et des lames de Tolède pour envoyer voler
trois pistolets à la fois et abattre le marquis de Mon-
télimar ou user de la botte napolitaine grâce à laquelle
le baron de Sigognac transperce le malandrin qui voulait enlever son Isabelle. Et il y aura encore des haches
de combat, des pertuisanes, des miséricordes, des jave-
lots, des cimeterres, des dards, et des cannes-épées
comme celle que tient John Carradine quand il meurt
électrocuté en touchant le troisième rail (et si les gens
ne s'en souviennent pas, tant pis pour eux). Et des
coutelas de pirates à faire blêmir Carmaux et Van
Stiller, et des pistolets damasquinés comme sir James
Brook n'en avait jamais vu (sinon il n'aurait pas abandonné la partie face à la énième cigarette sardonique
du Portugais) ; et des stylets à lame triangulaire,
comme celui dont use le disciple de sir William, alors
que le jour s'éteint doucement sur Clignancourt, pour
tuer l'assassin Zampa, meurtrier de sa propre mère, la
vieille et sordide dame Fipart ; et des poires d'angoisse,
comme celle qu'on enfonce dans la bouche du geôlier

Confessions d'un jeune romancier

La Ramée tandis que le duc de Beaufort, les poils de sa barbe cuivrée rendus encore plus fascinants grâce à la constante attention d'un peigne de plomb, s'enfuit à cheval en jubilant à l'avance de la fureur de Mazarin ; et des canons chargés de clous, tirés par des hommes aux dents rouges de bétel ; et des fusils à la crosse nacrée, pour cavaliers arabes aux manteaux chatoyants ; et des arcs plus rapides que la foudre, à rendre tout vert d'envie le shérif de Nottingham ; et des couteaux à scalper, comme en avaient les Minnehahas, ou (puisque nous sommes bilingues) le jeune Apache Winnetou. Un petit pistolet plat à glisser dans son gousset sous une cape de soirée, pour les exploits d'un *gentleman* voleur, ou un lourd Luger gonflant une poche, ou pendu sous l'aisselle à la façon de Michael Shayne. Et d'autres fusils encore, dignes de Jesse James et de Wild Bill Hickok, ou de Sambigliong, qu'on charge par la gueule. En somme, des armes. Beaucoup d'armes. Tels seront, mon garçon, tes plus beaux cadeaux pour tous tes Noëls[1].

Quand j'ai commencé d'écrire *Le Nom de la rose*, j'ai emprunté à des chroniques anciennes les noms de divers types de vagabonds, d'hommes de sac et de corde et d'hérétiques errants, pour faire sentir la grande confusion sociale et religieuse qui régnait au XIVe siècle en Italie. Ma liste était justifiée par le grand

---

1. Eco, *Pastiches et postiches* (Messidor, 1988). Traduction de Bernard Guyader.

Mes listes

nombre de ces marginaux et galvaudeux de toute espèce, mais il va sans dire que je me suis laissé aller à amplifier ce fatras lexical par goût du *flatus vocis*, c'est-à-dire du pur plaisir du son.

À mots tronqués, m'obligeant à me rappeler le peu que je savais de provençal et de dialectes italiens, [Salvatore] me fit l'histoire de sa fuite de son village natal, et de son errance par le monde. Et dans son récit je reconnus beaucoup d'errants déjà connus ou rencontrés le long de notre route, et beaucoup d'autres, que je connus après, je les reconnais à présent...

... Salvatore traversa maintes contrées, depuis son Montferrat natal en direction de la Ligurie, et de là remontant de la Provence aux terres du roi de France.

... Salvatore erra de part le monde, en mendiant, en maraudant, en se faisant passer pour malade, en se plaçant provisoirement chez quelque seigneur, en reprenant de nouveau le chemin de la forêt, de la grand' route. D'après le récit qu'il me fit, je l'imaginai associé à ces bandes de vagabonds que, dans les années qui suivirent, je vis de plus en plus souvent rôder à travers l'Europe : faux moines, charlatans, dupeurs, besaciers, bélîtres et gueux, lépreux et estropiats, batteurs d'estrade, marchands et musiciens ambulants, clercs sans patrie, étudiants itinérants, fricoteurs, jongleurs, mercenaires invalides, juifs errants, échappés aux infidèles avec l'esprit impotent, fous, fugitifs en rupture de ban, malfaiteurs aux oreilles coupées,

Confessions d'un jeune romancier

sodomites, et parmi eux artisans ambulants, tisserands, chaudronniers, chaisiers, rémouleurs, rempailleurs, maçons, et encore fripouilles de tout acabit, tricheurs, filous, fieffés coquins, vauriens, gens sans aveu, sans feu ni lieu, meurt-de-faim, culs-de-jatte, truands, porte-balles, et chanoines et prêtres simoniaques, et prévaricateurs, et gens qui vivaient désormais sur la crédulité d'autrui, faussaires de bulles et de sceaux papaux, vendeurs d'indulgences, faux paralytiques qui s'allongeaient aux portes des églises, rôdeurs fuyant leurs couvents, marchands de reliques, rédempteurs, devins et chiromanciens, nécromants, guérisseurs, faux quêteurs, et fornicateurs de toute sorte, corrupteurs de nonnes et de fillettes par la ruse et par la violence, simulateurs d'hydropisie, épilepsie, hémorroïdes, goutte et plaies, ainsi que de folie mélancolique. Il y en avait qui s'appliquaient des emplâtres sur le corps pour faire croire à des ulcères incurables, d'autres qui s'emplissaient la bouche d'une substance couleur de sang pour simuler des crachements de phtisiques, des pendards qui feignaient d'être faibles d'un de leurs membres, portant des cannes sans nécessité et contre-faisant le mal caduc, la gale, les bubons, les enflures, s'appliquant des bandes et des teintures de safran, portant fers aux mains ou bandages à la tête, se faufilant puants dans les églises et se laissant tomber d'un coup sur les places, crachant de la bave et roulant des yeux, soufflant par les narines du sang fait de jus de mûre et de vermillon, pour arracher nourriture et deniers aux gens apeurés qui se rappelaient les invitations des saints

Mes listes

pères à l'aumône : partage ton pain avec l'affamé, emmène sous ton toit qui n'a point de gîte, rendons visite à Christ, accueillons Christ, habillons Christ car, ainsi que l'eau purge le feu, ainsi l'aumône purge nos péchés.

Même après les faits que je raconte, le long du Danube j'en vis beaucoup et j'en vois encore, de ces imposteurs qui avaient leurs noms et leurs subdivisions en légions, comme les démons : capons, rifodés, proto-médecins, pauperes verecundi, francs-mitous, narquois, archi-suppôts, cagous, petites-flammes, hubins, sabouleux, farinoises, feutrards, baguenauds, trouille-fous, piédebous, hapuants et attrantulés, fanouëls et fapasquëtes, mutuelleurs, frezons, trouvains, faubour-dons, surdents, surlacrimes et surands.

C'était comme une boue qui coulait par les sentes de notre monde, et entre elles se glissaient des prédicateurs de bonne foi, des hérétiques à l'affût de nouvelles proies, des fauteurs de discorde...

... et il avait fait partie de sectes et de groupes pénitentiels dont il estropiait les noms et définissait fort improprement la doctrine. J'en déduisis qu'il avait rencontré des patarins et des vaudois, et peut-être des cathares, des arnoldistes et des humiliés, et que, vaguant de par le monde, il était passé de groupe en groupe, assumant graduellement, comme une mission, sa condition d'errant, et faisant pour le Seigneur ce qu'il faisait auparavant pour son ventre[1].

---

1. *Le Nom de la rose* (troisième jour, sexte), trad. Jean-Noël Schifano, Paris, Grasset.

Confessions d'un jeune romancier

Forme et liste

C'est seulement plus tard que j'ai commencé de méditer à une possible sémiotique des listes, en écrivant sur les « accumulations » du sculpteur Arman : des assemblages – des listes tangibles – de lunettes ou de montres pressés dans un conteneur en plastique. À l'époque, je réfléchissais au fait que la première occurrence de la liste en tant que dispositif littéraire apparaît dans Homère : ce qu'on appelle le « catalogue des vaisseaux », au chant II de l'*Iliade*[1]. Homère nous y offre une magnifique opposition entre la représentation d'une forme complète et finie et celle d'une liste incomplète et potentiellement infinie.

Pour avoir une forme complète et finie, songeons au bouclier d'Achille au chant XVIII de la même *Iliade*. Héphaïstos divise cet immense bouclier en cinq zones, et peint deux cités peuplées. Dans la première, il représente des festivités de mariage et un forum bondé où se tient un procès. La seconde scène montre une citadelle assiégée : sur les remparts, des épouses, des enfants et des vieillards observent l'action. Conduites par Athéna, les forces ennemies s'avancent et, tandis que le peuple mène son bétail à la rivière, préparent

---

1. J'ai pu me tromper sur ce point. Bien que les dates soient incertaines, il est possible que la toute première liste soit la totalité de la *Théogonie* d'Hésiode.

158

Mes listes

une embuscade. Suit une grande bataille. Alors Héphaïstos sculpte un beau champ de blé fertile et bien labouré, traversé par des paysans avec leurs bœufs ; un vignoble regorgeant de raisins mûrs, avec des rameaux d'or sombre et des vignes grimpant autour de treilles d'argent, entouré d'une grille en fer forgé ; et un troupeau d'or et d'étain se hâtant vers un pâturage, le long des berges d'une rivière dont les eaux abondent en roseaux. Soudain, deux lions surgissent et bondissent sur le taureau, mugissant pitoyablement, qu'ils saisissent et entraînent. Quand les bouviers s'approchent avec leurs chiens, les fauves dévorent déjà la bête démembrée et les molosses se bornent à des aboiements impuissants. Le panneau final d'Héphaïstos représente des brebis dans un paysage de vallée bucolique, parsemé de bergeries, de pacages verdoyants et de garçons et de filles qui dansent. Celles-ci sont vêtues de robes diaphanes et couronnées de guirlandes, ceux-là portent des tuniques et des épées d'or au côté ; tous dansent en rond « comme le tour que le potier… sent courir sous sa main ». Une foule se presse pour les regarder danser, après quoi surviennent deux acrobates chanteurs. Le puissant fleuve Océan entoure toutes ces scènes et sépare le bouclier du reste de l'univers.

Mon résumé n'est pas complet : le bouclier comporte tant de scènes qu'à moins d'imaginer Héphaïstos s'adonnant à un exercice d'orfèvrerie microscopique, il est difficile de se figurer l'objet dans toute sa richesse

Confessions d'un jeune romancier

de détails. Qui plus est, la description n'occupe pas seulement l'espace, mais le temps : les différents événements se suivent comme si le bouclier était un écran de cinéma ou une longue bande dessinée. La forme parfaitement circulaire de l'artefact suggère qu'il n'y a rien au-delà de ses bords : c'est une forme *finie*.

Si Homère pouvait imaginer ce bouclier, c'est parce qu'il était bien informé de la culture agricole et militaire de son temps. Il connaissait le monde où il vivait : ses lois, ses causes et ses effets. Voilà pourquoi il était capable de lui *donner une forme*.

Au chant II de l'*Iliade*, Homère entreprend d'évoquer l'immensité de l'armée grecque et de donner une idée de la multitude d'hommes que les Troyens terrifiés voient se répandre le long de leur côte. D'abord, il tente une comparaison avec un vol de grues, de cygnes ou d'oies sauvages, qui semble traverser le ciel comme la foudre ; mais aucune métaphore assez expressive ne lui vient, et il appelle les Muses à son secours :

Et maintenant, ô Muses, qui habitez les demeures olympiennes, vous qui êtes déesses et présentes à tout, et qui savez toutes choses, tandis que nous ne savons rien et n'entendons seulement qu'un bruit de gloire, dites les rois et les princes des Danaens. Car je ne pourrais nommer ni décrire cette multitude, même en ayant dix langues, dix bouches, une voix infatigable et une poitrine d'airain, si vous, ô Muses Olympiades,

160

Mes listes

filles de Zeus qui tient l'égide, ne me rappelez ceux qui vinrent sous Ilion. Je dirai donc les chefs et toutes les nefs[1].

Ce paragraphe fait l'effet d'un raccourci, mais ce raccourci conduit Homère à une énumération longue de près de trois cents vers dans le texte original grec, pour faire le catalogue des mille cent quatre-vingt-six vaisseaux. Apparemment, la liste est finie (il n'y aura ni autres capitaines, ni autres vaisseaux), mais comme il ne peut dire combien d'hommes servent sous les ordres de chacun des chefs mentionnés, le nombre qu'il suggère est en réalité indéfini.

L'ineffable

Avec son catalogue des vaisseaux, Homère ne se borne pas à nous donner un splendide exemple de liste : il nous présente aussi ce que certains ont appelé le « topos de l'ineffabilité[2] ». Ce topos revient plusieurs

---

1. *Iliade,* chant II, trad. Alphonse de Lamartine.
2. Cf. Giuseppe Ledda, «Elenchi impossibili. Cataloghi e topos dell'impossibilità » (« Listes impossibles. Catalogues et topos de l'impossibilité », non publié) ; et *idem, La Guerra della lingua : ineffabilità, retorica e narrativa nella Commedia di Dante* (« La guerre de la langue : ineffabilité, rhétorique et récit dans la *Comédie* de Dante »), Ravenne, Longo.

Confessions d'un jeune romancier

fois dans son œuvre (par exemple, au chant IV de l'*Odyssée*, vers 240-241, dans la traduction de Philippe Jaccottet : « Certes, je ne pourrais vous dire, vous énumérer tous les exploits qui furent ceux du patient Ulysse... ») ; et parfois, le poète confronté à une infinité d'objets ou d'événements à mentionner décide de garder le silence. Ainsi Dante se sent-il dans l'incapacité de nommer tous les anges du paradis, car il ne connaît pas leur nombre immense (cf. chant XXIX du *Paradis,* où il est dit que ce nombre excède les facultés de l'esprit humain). Devant l'ineffable, le poète, au lieu de tenter la compilation d'une série incomplète de noms, préfère exprimer l'extase de l'ineffabilité. Tout au plus, pour véhiculer l'idée d'un nombre incalculable d'anges, Dante fait-il allusion à la légende selon laquelle l'inventeur des échecs demanda au roi de Perse, en récompense de son invention, de lui donner un grain de blé pour le premier carré de l'échiquier, deux pour le deuxième, quatre pour le troisième et ainsi de suite jusqu'à soixante-quatre, atteignant ainsi un nombre astronomique de grains : « ... tant que leur nombre / dépasse par milliers le double des échecs[1] ».

Dans d'autres cas, confronté à quelque chose d'immense ou d'inconnu sur quoi nous ne sommes pas

---

1. Dante, *Paradis*, chant VIII, vers 91-91, trad. Jacqueline Risset, Paris, Garnier-Flammarion.

Mes listes

encore renseignés (ou ne le serons jamais), l'auteur propose une liste comme un groupe de spécimens, d'exemples, d'indications, laissant au lecteur le soin d'imaginer le reste.

Dans mes romans, il y a au moins un cas où j'ai introduit une liste simplement en raison du vertige que me donnait la sensation de l'ineffable. Je ne faisais pas, comme Dante, du tourisme au paradis, mais, de manière plus terrestre, je visitais les barrières de corail des mers du Sud. C'était quand j'écrivais *L'Île du jour d'avant*, et j'ai alors eu l'impression qu'aucune langue humaine ne pourrait décrire l'abondance, la variété, les couleurs éblouissantes des poissons et des coraux de cette région du monde. En eussé-je été capable que mon personnage, Roberto, naufragé sur ces rivages au XVIIe siècle et probablement premier être humain à les découvrir, n'aurait quant à lui jamais pu trouver les mots pour dire son ravissement.

Mon problème était que les coraux des mers du Sud déploient une infinité de nuances (et les gens qui n'ont vu que les pauvres coraux des autres mers ne peuvent s'en faire aucune idée), et j'étais obligé de représenter les couleurs par des mots en usant de la figure rhétorique qu'on appelle hypotypose. Le défi consistait à évoquer une immense variété de couleurs par une grande diversité de mots, sans me servir deux fois du même et en cherchant des synonymes.

Confessions d'un jeune romancier

Voici une partie de ma double liste de coraux (et de poissons) et de mots :

Pendant un moment [Roberto] n'observa que des taches, puis, tel qui arriverait par bateau dans une nuit de brume épaisse face à une falaise tout d'un coup se profilant à pic devant le navigateur, il vit le bord du gouffre sur lequel il nageait.

Il ôta son masque, le vida, le remit en le tenant des deux mains et, à lents coups de pied, il alla à la rencontre du spectacle qu'il avait à peine entrevu.

C'étaient donc là les coraux ! Sa première impression fut, à en juger par ses notes, confuse et stupéfaite. Il eut la sensation de se trouver dans la boutique d'un marchand d'étoffes qui drapait sous ses yeux gazes et taffetas, brocarts, satins, damas, velours et flocons, franges et effiloches, et encore étoles, chapes, chasubles, dalmatiques. Mais les étoffes évoluaient d'une vie propre avec la sensualité des danseuses orientales.

Dans ce paysage, que Roberto ne sait décrire parce qu'il le voit pour la première fois et qu'il ne trouve pas d'images dans sa mémoire pour pouvoir le traduire en mots, voici que surgit soudain une myriade d'êtres que – ceux-là, oui – il pouvait reconnaître, ou du moins comparer à quelque chose de déjà vu. C'étaient des poissons qui se croisaient telles des étoiles filantes dans un ciel d'août, mais on eût dit que, dans la composition et l'assortiment des tons et des dessins de leurs écailles,

164

Mes listes

la nature avait voulu démontrer quelle palette de mordants existe dans l'univers et combien il en peut tenir ensemble sur la même superficie.

Il y en avait de rayés à plusieurs couleurs, qui en long, qui en large et qui en travers, et d'autres encore par ondes. Il y en avait d'ouvragés à la façon des marqueteries, avec des semis de taches capricieusement disposées, certains grenés ou mouchetés, d'autres mipartis, grêlés et minusculement tiquetés, ou parcourus de veines comme des marbres.

D'autres encore à motifs serpentins, ou entrelacés de plusieurs chaînons. Il y en avait d'incrustés d'émaux, de parsemés d'écus et de rosettes. Et l'un, le plus beau de tous, paraissait tout enveloppé au point de cordonnet qui formait deux fils raisin et lait ; et c'était miracle que pas même une fois ne manquât de revenir en haut le fil qui s'était enroulé par en dessous, tel un travail de main d'artiste.

À ce moment seulement, tandis qu'il percevait en arrière-fond des poissons les formes coralliennes qu'il n'avait pu reconnaître à première vue, Roberto distinguait des régimes de bananes, des paniers de petits pains, des corbeilles de nèfles couleur bronze sur lesquelles passaient canaris et lézards verts et colibris.

Il était au-dessus d'un jardin. Non, il se méprenait, à présent on eût dit une forêt pétrifiée, faite de ruines de champignons. Erreur encore, il s'était leurré, maintenant se succédaient des coteaux, des plissements, des

165

Confessions d'un jeune romancier

escarpements, des fosses et des cavernes, un seul glissement de rochers vivants où une végétation non terrestre se composait en formes aplaties, rondes ou écailleuses qui paraissaient endosser un jaseran de granit, et aussi en formes noueuses et pelotonnées sur elles-mêmes. Pourtant, pour différentes qu'elles fussent, toutes étaient extraordinaires de grâce et de charme, à tel point que même celles qui semblaient travaillées avec une fausse négligence, bâclées en somme, montraient leur rudesse avec majesté, et elles avaient l'air de monstres, mais de monstres de beauté.

Ou encore (Roberto se rature et se corrige, sans réussir à relater, tel qui doit décrire pour la première fois un cercle carré, une montée horizontale, un silence bruyant, un arc-en-ciel nocturne), ce qu'il voyait là, c'étaient des arbustes de cinabre.

Peut-être, à force de retenir son souffle, s'était-il obnubilé, l'eau qui envahissait son masque lui brouillait-elle les formes et les nuances. Il avait mis sa tête à l'air pour emplir ses poumons, et avait recommencé de flotter sur les bords de la barrière, à suivre les anfractuosités et les trouées où s'ouvraient des couloirs de cretonne dans lesquels se faufilaient des arlequins ivres, tandis qu'au-dessus d'un escarpement il voyait se reposer, animé de lente respiration et remuement de pinces, un homard crêté de mozzarella, surplombant un lacis de coraux (ceux-ci semblables à ceux qu'il connaissait, mais disposés comme le fromage de frère Étienne, qui ne finit jamais).

166

Mes listes

Ce qu'il voyait maintenant n'était pas un poisson, mais pas non plus une feuille, à coup sûr une chose vive, telles deux larges tranches de matière blanchâtre, bordées de rouge de kermès, et un éventail de plumes ; et là où l'on aurait attendu des yeux s'agitaient deux cornes de cire à cacheter.

Des polypes ocellés, qui dans leur grouillement vermiculaire et lubrifié révélaient l'incarnadin d'une grande lèvre centrale, effleuraient des plantations d'olothuries albuginées au gland de passe-velours ; de petits poissons rosés et piquetés d'olivette effleuraient des choux-fleurs cendreux éclaboussés d'écarlate, des tubercules tigrés de ramures fuligineuses... Et puis on voyait le foie poreux couleur colchique d'un grand animal, ou encore un feu d'artifice d'arabesques vif-argent, des hispidités d'épines dégouttantes de rouge sang et enfin une sorte de calice de nacre flasque...

Ce calice finit par lui apparaître comme une urne, et il pensa que parmi ces rochers était inhumé le cadavre du père Caspar. Non plus visible, si l'action de l'eau l'avait d'abord recouvert de tendrons coralliens, mais les coraux, absorbant les humeurs terrestres de ce corps, avaient pris forme de fleurs et de fruits jardinés. Peut-être d'ici peu reconnaîtrait-il le pauvre vieux devenu une créature jusqu'alors étrangère ici-bas, le globe de la tête fabriqué avec une noix de coco lanugineuse, deux pommes séchées pour composer les joues, yeux et paupières devenus

167

Confessions d'un jeune romancier

deux abricots verts, le nez, une courgette biscornue comme l'étron d'un animal ; dessous, en guise de lèvres, des figues sèches, une betterave avec sa broussaille apicale pour le menton, et un cardon rugueux faisant office de gorge ; aux tempes, deux bogues de châtaigne pour faire touffes de cheveux, et pour les oreilles les deux écorces d'une noix coupée ; pour les doigts, des carottes ; en pastèque, le ventre ; en coings, les genoux[1].

Listes de choses, de personnes et de lieux

L'histoire de la littérature regorge de collections obsessionnelles d'objets. Parfois, il s'agit d'objets fantastiques, comme, selon l'Arioste, ceux qu'Astolphe découvre sur la lune, où il est parti chercher la raison perdue de Roland. Parfois ils sont troublants, comme la liste de substances malignes dont se servent les sorcières à l'acte IV de *Macbeth*. Parfois, ce sont des extases de parfums, comme la collection de fleurs que Giambattista Marino (plus connu en France sous le nom de Cavalier Marin) décrit dans son poème

---

1. *L'Île du jour d'avant*, chap. 32, trad. Jean-Noël Schifano, Paris, Grasset. Dans la dernière phrase, le lecteur expérimenté remarquera non seulement un cas d'hypotypose, mais aussi d'*ekphrasis* : elle est la description d'une tête typique peinte par Arcimboldo.

Mes listes

l'*Adone* (chant VI, vers 115-159). Ils sont parfois déri-
soires mais essentiels, comme la collection de débris
grâce auxquels Robinson Crusoé parvient à survivre sur son île, ou les humbles petits trésors donc
Mark Twain nous dit que Tom Sawyer les a soigneusement rassemblés. Parfois encore, ils sont d'une vertigineuse banalité, comme l'énorme collection d'objets
insignifiants dans la cuisine de Leopold Bloom.
Ou poignants malgré leur immobilité muséale et
presque funéraire, comme la collection d'instruments
de musique décrite par Thomas Mann au chapitre 7
de *Doktor Faustus*.

C'est la même chose pour les lieux. Ici encore, le
lecteur s'appuie sur l'*et cetera* suggéré par la liste. Le
chapitre 27 du livre d'Ézéchiel énumère une longue
liste de propriétés pour nous donner une idée de la
grandeur de la ville de Tyr. Dickens, au premier chapitre de *La Maison d'Âpre-Vent*, se donne beaucoup
de mal pour nous décrire un Londres dont l'architecture est rendue invisible par le brouillard flottant sur
la ville. Poe, dans *L'Homme des foules*, pose son regard
visionnaire sur une série d'individus qu'il perçoit de
manière compacte comme une « foule ». Proust (*Du
côté de chez Swann*, chapitre 3) reconstruit la bourgade
de son enfance. Calvino (*Les Villes invisibles*, chapitre
9) évoque les villes rêvées par le Grand Khan. Cendrars
(*La Prose du Transsibérien*) décrit le halètement d'un

Confessions d'un jeune romancier

train à travers les steppes sibériennes en se remémorant toute une série de lieux. Whitman – célébré parce qu'il excella (jusqu'à l'excès parfois) dans la composition de listes vertigineuses – empile pour ainsi dire les objets les uns sur les autres pour célébrer son pays natal :

Bondit la hache !
L'épaisse forêt émet des oracles fluides,
Ils cascadent, leurs formes montent,
Hutte, tente, ponton, chaîne d'arpentage,
Fléau, soc, pic, pince, bêche,
Bardeaux, rambardes, étais, plinthe,
            cadre de porte, tour, panneau, pignon,
Citadelle, plafond, salon, académie, jeu d'orgue,
            maison témoin, bibliothèque,
Corniche, treille, pilastre, balcon, croisée,
            tourelle, perron,
Houe, râteau, fourche à foin, crayon, chariot,
            ringard, scie, niveau, maillet, coin, poignée,
Chaise, tub, cerceau, table, osier, ailette, châssis,
            plancher,
Boîte à outils, coffre, instrument à corde, canot,
            bâtis et ainsi de suite.
Capitoles des États et capitole d'une nation
            d'États,
Longues et majestueuses rangées aux avenues,
            hospices pour orphelins, pour les pauvres,
            les malades,

170

Mes listes

Vapeurs de Manhattan, voiliers embrassant
la mesure de toutes les mers[1].

Puisque nous en sommes à l'accumulation des lieux,
on trouve, dans *Quatre-Vingt-Treize* d'Hugo (partie I,
chapitre 3), une liste singulière de localités de Vendée
que le marquis de Lantenac communique verbalement
au marin Helmalo pour qu'il puisse aller de l'une à
l'autre et, dans chacune, appeler à l'insurrection. Il va
de soi que le pauvre Helmalo ne pourra jamais se rappeler cette interminable liste, et de toute évidence
Hugo n'attend pas de son lecteur qu'il se la rappelle
davantage. L'immensité de cette liste de toponymes n'a
pour but que de suggérer l'immensité de la rébellion
populaire.

Une autre liste vertigineuse de noms de lieux apparaît dans *Finnegans Wake*, dans le chapitre intitulé
« Anna Livia Plurabelle » où, pour nous donner une
idée du flux de la rivière Liffrey, Joyce introduit des
centaines de noms de rivières et de fleuves du monde
entier, déguisés en jeux de mots ou en mots-valises. Il
n'est pas facile pour le lecteur de reconnaître des
rivières à peu près inconnues dans des noms comme
Chebb, Futt, Bann, Duck, Sabrainn, Till, Waag, Bomu,

---

1. Walt Whitman, *Feuilles d'herbe*, trad. Jacques Darras, Paris,
Grasset.

Confessions d'un jeune romancier

Boyana, Chu, Batha, Skollis, Shari, Sui, Tom, Chef, Syr, Darya, Ladder, Burn et ainsi de suite. Comme les traductions d'« Anna Livia » sont d'ordinaire assez libres, il se peut qu'une référence à une rivière particulière apparaisse en langue étrangère ailleurs qu'à l'endroit où le texte original l'avait placée, voire se trouve complètement altérée. Dans les premières traductions italiennes, réalisées avec la collaboration de l'auteur, on découvre des références à des fleuves et rivières d'Italie comme le Serio, le Pô, le Serchio, le Piave, la Conca, l'Aniene, l'Ombrone, le Lambro, le Taro, le Toce, le Belbo, le Sillaro, le Tagliamento, le Lamone, le Brembo, le Trebbio, le Mincio, le Tidone et le Panaro, qui ne sont pas cités dans le texte anglais[1]. Il en est allé de même pour la première (et historique) traduction en langue française.

Cette liste donne l'impression d'être potentiellement infinie. Non seulement le lecteur doit faire l'effort d'identifier toutes les rivières, mais on a lieu de supposer que les critiques en ont identifié plus que Joyce lui-même n'en a explicitement mentionné. Et de supposer aussi qu'en conséquence des possibilités combinatoires de l'alphabet anglais, il y en a beaucoup plus que les critiques ou Joyce ne l'ont pensé.

---

1. Cf. « Anna Livia Plurabelle », trad. James Joyce et Nino Franck (1938), réimprimé *in* Joyce, *Scritti italiani*, Milan, Mondadori, 1979.

Mes listes

Pour finir, nous avons un aperçu du lieu entre les lieux : l'univers entier. Borges, dans sa nouvelle *L'Aleph*, le regarde par une étroite crevasse et le voit comme une liste destinée à demeurer incomplète : une liste de lieux, de gens et d'inquiétantes épiphanies. Il voit les flots de l'océan, l'aube et le crépuscule, les foules des Amériques, une toile d'araignée brillante au centre d'une pyramide noire, un labyrinthe tronqué (qui s'avère être la ville de Londres), une série dans fin d'yeux en gros plan, tous les miroirs de la planète, une cour arrière dans la calle Soler montrant les mêmes carreaux qu'il a vus vingt ans plus tôt dans l'entrée d'une maison de la calle Fray Bentos, des grappes de raisin, de la neige, du tabac, des veines de métal, de la vapeur d'eau, des déserts équatoriaux convexes et chacun de leurs grains de sable, une femme à Inverness, ses cheveux en bataille, son corps fier, un cancer à son sein, un cercle de terre sèche sur un trottoir où s'est naguère dressé un arbre, une maison de campagne à Adrogué, un exemplaire de la première traduction anglaise de Pline, toutes les lettres de toutes les pages à la fois, une nuit et un jour simultanés, un coucher de soleil à Querétaro qui semble réfléchir la couleur d'une rose du Bengale, sa propre chambre vide, un bureau à Alkmaar contenant un globe du monde terraqueux placé entre deux miroirs qui multiplient son infinité, des chevaux aux crinières fouettées par le vent de l'aube sur une côte de la mer Caspienne, les os délicats

173

Confessions d'un jeune romancier

d'une main, les survivants d'une bataille envoyant des cartes postales, une carte de tarot dans une vitrine à Mirzapour, des ombres obliques de fougères sur le sol d'une serre, des tigres, des pistons, des bisons, des marées, des armées, toutes les fourmis de la terre, un astrolabe persan, le tiroir d'un bureau contenant des lettres obscènes, incroyables et détaillées écrites par son amie adorée Beatriz Viterbo, un monument bien-aimé au cimetière de Chacarita, les restes pourris de ce qui jadis, délicieusement, avait été Beatriz, la circulation de son propre sang noir, les méandres de l'amour et les altérations de la mort. Il voit l'Aleph – un point dans l'espace qui contient tous les autres points – et le voit de partout à la fois, la terre dans l'Aleph, puis l'Aleph dans la terre, puis de nouveau la terre dans l'Aleph. Il scrute son propre visage et ses propres viscères, et se sent la tête qui tourne, et il pleure parce que ses yeux ont vu cet objet secret et hypothétique dont les hommes ont usurpé le nom, mais qu'aucun n'a vraiment contemplé : l'inconcevable univers[1].

J'ai toujours été fasciné par ce genre de liste, et je pense que je suis en bonne compagnie. J'étais certainement sous l'influence de Borges quand, dans *Baudolino*, j'ai tenté de composer une géographie imaginaire. Baudolino décrit les merveilles de l'Occident au fils du

---

1. Mon collage se fonde sur la traduction d'Andrew Hurley, in *Collected Fictions of Jorge Luis Borges*, New York, Viking, 1998.

Mes listes

Prêtre Jean, un lépreux condamné à une mort certaine et qui vit reclus dans un pays légendaire d'Extrême-Orient. Il lui parle des lieux et des choses de l'Ouest en termes fabuleux, les mêmes qu'employait l'Occident médiéval quand il rêvait de l'Orient :

… je lui décrivais les lieux que j'avais vus, de Ratisbonne à Paris, de Venise à Byzance, et puis Iconium et l'Arménie, et les peuples que nous avions rencontrés au cours de notre voyage. Il était destiné à mourir sans avoir jamais rien vu sauf les niches mortuaires de Pndapetzim, et moi je cherchais de le faire vivre à travers mes récits. Sans doute ai-je aussi inventé, je lui ai parlé de villes que je n'avais jamais visitées, de batailles que je n'avais jamais livrées, de princesses que je n'avais jamais possédées. Je lui racontais les merveilles des terres où meurt le soleil. Je l'ai fait jouir de couchants sur la Propontide, de reflets d'émeraude dans la lagune vénitienne, d'une vallée en Hibernie où sept églises blanches se déploient sur les rives d'un lac silencieux, au milieu de troupeaux de moutons tout aussi blancs, je lui ai raconté comment les Alpes pyrénéennes sont toujours couvertes d'une moelleuse substance immaculée qui, l'été, fond en cataractes majestueuses et se disperse en rivières et ruisseaux le long de pentes aux châtaigniers luxuriants, je lui ai dit les déserts de sel qui s'étendent sur les côtes de l'Apulie, je l'ai fait trembler en évoquant des mers que je n'avais jamais sillonnées, où sautent des poissons aussi grands que des

Confessions d'un jeune romancier

veaux, si paisibles que les hommes peuvent les che-
vaucher, je lui ai relaté les voyages de saint Brandan
aux îles Fortunées et comment un jour, en croyant
aborder à une terre au milieu de la mer, il était des-
cendu sur le dos d'une baleine, qui est un poisson aussi
grand qu'une montagne, capable d'avaler une nef tout
entière, mais j'ai dû lui expliquer ce qu'étaient les nefs,
des poissons de bois qui labourent les flots en remuant
des ailes blanches, je lui ai énuméré les bêtes prodi-
gieuses de mes pays, le cerf, qui a deux grandes cornes
en forme de croix, la cigogne, qui vole de terre en terre
et prend soin de ses géniteurs sénescents en les condui-
sant sur son dos à travers les ciels, la coccinelle, qui
est semblable à un petit champignon, rouge et piquée
de taches couleur du lait, le lézard, qui est comme un
crocodile, mais si menu qu'il passe sous les portes, le
coucou, qui dépose ses œufs dans les nids des autres
oiseaux, la chouette aux yeux ronds qui dans la nuit
ressemblent à deux lampes, et qui vit en buvant dans
les églises l'huile des luminaires, le hérisson, animal au
dos en pelote de piquants, qui suce le lait des vaches,
l'huître, écrin vivant qui produit parfois une beauté
morte mais d'inestimable valeur, le rossignol, qui veille
la nuit en chantant et vit en adoration de la rose, la
langouste, monstre loriqué d'un rouge flamboyant, qui
s'enfuit en arrière pour se soustraire à la chasse de
ceux qui sont friands de sa chair, l'anguille, épouvan-
table serpent aquatique à la saveur grasse et exquise,
le goéland, qui survole les eaux comme s'il était un
ange du Seigneur, mais émet des cris stridents tel un

Mes listes

démon, le merle, oiseau noir au bec jaune qui parle comme nous, sycophante qui dit ce que lui a confié son maître, le cygne qui sillonne, majestueux, les eaux d'un lac et chante au moment de la mort une très douce mélodie, la belette, sinueuse comme une jouvencelle, le faucon, qui fond à pic sur sa proie et la rapporte au chevalier qui l'a élevé. J'ai imaginé la splendeur des gemmes qu'il n'avait jamais vues – ni moi non plus –, les taches purpurines et lactescentes de la murrhe, les veines violâtres et blanches de certaines pierres égyptiennes, la blancheur de l'orichalque, la transparence du cristal, l'éclat du diamant, et puis je lui ai célébré la blancheur de l'or, métal tendre que l'on peut modeler en fines feuilles, le grésillement des lames chauffées au rouge quand on les plonge dans l'eau pour les tremper, quels reliquaires inimaginables on voit dans les trésors des grandes abbayes, comme elles sont hautes et pointues, les tours de nos églises, comme elles sont hautes et droites, les colonnes de l'hippodrome de Constantinople, et ces livres que lisent les juifs, parsemés de signes qui ont l'air d'insectes, et quels sons ils prononcent quand ils les lisent, comment un grand roi chrétien avait reçu d'un calife un coq en fer qui chantait tout seul à chaque lever de soleil, ce qu'est la sphère qui roule en éructant de la vapeur, comment brûlent les miroirs d'Archimède, comment il est effrayant de voir la nuit un moulin à vent, et puis je lui ai raconté le Gradale, les chevaliers qui encore l'allaient cherchant en Bretagne,

Confessions d'un jeune romancier

nous qui le remettrions à son père à peine trouverions-nous l'infâme Zosime. Voyant que ces splendeurs le fascinaient, mais que leur inaccessibilité l'attristait, j'ai pensé qu'il serait bien, pour le convaincre que sa peine n'était pas la pire, de lui raconter le supplice d'Andronic avec des détails tels qu'ils dépassaient de très loin ce qu'il avait subi, les massacres de Crema, les prisonniers avec le nez coupé, la main, l'oreille, je lui ai fait miroiter devant les yeux des maladies indicibles au regard de quoi la lèpre était un mal mineur, je lui ai décrit comme horriblement horribles les écrouelles, l'érysipèle, la danse de Saint-Guy, le feu Saint-Antoine, la morsure de la tarentule, la gale qui vous conduit à vous gratter la peau squame après squame, l'action pestifère de l'aspic, le supplice de sainte Agathe à qui on extirpa les seins, celui de sainte Lucie à qui on arracha les yeux, celui de saint Sébastien percé de flèches, celui de saint Étienne avec son crâne ouvert par des cailloux, celui de saint Laurent rôti sur le gril à feu lent, et j'ai inventé d'autres saints et d'autres atrocités, comment saint Ursidin avait été empalé de l'anus à la bouche, saint Sarapion écorché, saint Mopsueste attaché par ses quatre membres à quatre chevaux furieux et puis écartelé, saint Draconze contraint à avaler de la poix bouillante... J'avais l'impression que ces horreurs lui procuraient un soulagement, mais je craignais d'être allé trop loin et je passais à la description des autres beautés du monde, dont la pensée était souvent la consolation du prisonnier, la grâce des adolescentes parisiennes, la paresseuse

Mes listes

vénusté des prostituées vénitiennes, l'incomparable incarnat d'une impératrice, le rire enfantin de Colandrina, les yeux d'une princesse lointaine. Il s'excitait, demandait que je lui racontasse encore, voulait savoir comment étaient les cheveux de Mélisande comtesse de Tripoli, les lèvres de ces resplendissantes beautés qui, plus que le saint Gradale, avaient charmé les chevaliers de Brocéliande ; il s'excitait, Dieu me pardonne, et je crois qu'une ou deux fois il eut une érection et éprouva le plaisir de répandre sa semence. Et encore, je cherchais à lui faire comprendre combien l'univers était riche d'épices aux parfums énervants ; et, comme je n'en avais pas sur moi, j'essayais de me rappeler et le nom de celles que j'avais connues et le nom de celles que je ne connaissais que par leur nom, pensant que ces noms le saouleraient autant que des odeurs, et je lui nommais le malobathre, le benjoin, l'oliban, le nard, le lycien, la sandaraque, le cinnamome, le santal, le safran, le gingembre, la cardamome, la casse fistuleuse, le zédoaire, le laurier, la marjolaine, la coriandre, l'aneth, l'herbe aux dragons, le poivre à l'œillet, le sésame, le pavot, la noix muscade, la citronnelle, le curcuma et le cumin. Le diacre écoutait au bord de la pâmoison, il se touchait le visage comme si son pauvre nez ne pouvait supporter toutes ces senteurs, il demandait en pleurant ce que lui avaient donné à manger jusqu'alors les maudits eunuques, sous le prétexte qu'il était malade, du lait de chèvre et du pain trempé dans le *burq*, en lui disant que c'était bon pour la lèpre, et il passait ses

Confessions d'un jeune romancier

journées abruti, presque toujours endormi avec la même saveur dans la bouche, jour après jour[1].

Wunderkammern et musées

Un catalogue de musée est un exemple de liste pratique qui se réfère à des objets existant dans un lieu prédéterminé, et, en tant que tel, il est nécessairement fini. Mais comment considérer un musée *en soi*, ou d'ailleurs toute forme de collection ? Hormis les cas extrêmement rares de collections qui contiennent *tous* les objets d'un certain type (par exemple, toutes – et je dis bien toutes – les œuvres d'un artiste donné), une collection est toujours ouverte et peut toujours être augmentée par l'ajout d'un nouvel élément, en particulier si elle est fondée – comme celles des patriciens romains, des seigneurs médiévaux et des musées modernes – sur un goût pour l'accumulation et l'accroissement *ad infinitum*. Bien qu'un musée puisse exposer un très grand nombre d'œuvres d'art, il donne souvent l'impression que ces œuvres sont encore plus nombreuses.

Qui plus est, sauf dans les cas très particuliers, les collections frisent souvent l'incongruité. Un voyageur de l'espace ignorant de notre concept d'art se demanderait

---

1. Eco, *Baudolino*, Paris, Grasset, 2002.

Mes listes

sûrement pourquoi le Louvre contient un tel bric-
à-brac : des babioles d'usage courant comme des vases,
des plats ou des salières, mais aussi des statues de
déesses comme la Vénus de Milo, des représentations
de paysages, des portraits de gens normaux, des orne-
ments funéraires et des momies, des effigies de créatures
monstrueuses, des objets de culte, des images d'humains
torturés, des peintures de batailles, des nus apparemment faits exprès pour exciter le désir sexuel et des
trouvailles archéologiques.

Parce que les objets sont si variés, et parce qu'on
peut imaginer ce que serait d'en être environné la nuit,
la visite d'un musée peut être une expérience terri-
fiante. Et le sentiment de malaise s'accroît avec la quantité et l'incongruité des choses collectionnées.

Quand ces dernières ne sont pas reconnaissables,
même un musée moderne peut ressembler à ce qui,
aux XVIIe et XVIIIe siècles, précéda nos musées de
sciences naturelles : ce qu'on appelait les *Wunderkammern*, ou « cabinets de curiosités », où certains
essayaient d'amasser des collections systématiques de
tous les objets qui méritaient d'être connus, alors que
d'autres collectionnaient les choses qui leur semblaient
extraordinaires ou inconnues, des objets bizarres et
étonnants comme un crocodile empaillé, en général
pendu à une clef de voûte et dominant toute la salle.
Dans beaucoup de ces collections, comme celle
qu'assembla Pierre le Grand à Saint-Pétersbourg, des

Confessions d'un jeune romancier

fœtus déformés étaient soigneusement conservés dans l'alcool. Les cires du Museo della Specola à Florence présentent une collection de merveilles anatomiques : des chefs-d'œuvre surréalistes de corps nus et éviscérés, dans une symphonie de tons allant du rose au rouge sombre, puis aux différents bistres et bruns des intestins, des foies, des poumons, des estomacs et des pancréas.

Ce qui nous reste des *Wunderkammern* consiste pour l'essentiel en représentations picturales ou en croquis illustrant des catalogues. Certains étaient faits de centaines de petits présentoirs où reposaient des pierres, des coquillages, des squelettes de bêtes inconnues et des chefs-d'œuvre de taxidermistes qui parvenaient à créer des animaux inexistants. D'autres *Wunderkammern* étaient comme des musées en miniature : des vitrines divisées en compartiments contenant des objets qui, arrachés à leur contexte original, semblaient raconter des histoires insensées ou saugrenues.

Grâce aux catalogues illustrés, comme celui du *Museum Celeberrimum* de Sepibus (1678) et celui du *Museum Kircherianum* de Bonanni (1709), nous apprenons que dans la collection assemblée par le père Athanase Kircher pour le Collège romain se trouvaient des statues antiques, des objets de culte païens, des amulettes, des idoles chinoises, des tables votives, deux tablettes montrant les cinquante incarnations de Brahma, des inscriptions funéraires romaines, des

Mes listes

lanternes, des bagues, des sceaux, des boucles, des armillas, des poids, des cloches, des pierres et des fossiles portant à la surface des images étranges gravées par la nature, des objets exotiques *ex variis orbis plagis collecta*, parmi lesquels des ceintures d'Indiens du Brésil ornées des dents de victimes dévorées, des oiseaux des tropiques et d'autres animaux empaillés, un livre rapporté de Malabar et fait de feuilles de palmier, des appareils turcs, des balances chinoises, des armes barbares, des fruits des Indes, le pied d'une momie égyptienne, des fœtus âgés de quarante jours à sept mois, des squelettes d'aigles, de huppes, de pies, de grives, de singes amazoniens, de chats et de souris, de taupes, de porcs-épics, de grenouilles, caméléons et requins, ainsi que des plantes marines, une dent de phoque, un crocodile, un tatou, une tarentule, une tête d'hippopotame, une corne de rhinocéros, un chien monstrueux conservé dans un vase grâce à une solution balsamique, des os de géants, des instruments de musique et de mathématiques, des projets expérimentaux sur le mouvement perpétuel, des automates et d'autres appareils comme les machines fabriquées par Archimède et Héron d'Alexandrie, des cochlées, un dispositif catoptrique octogonal qui multipliait une figurine d'éléphant de telle sorte qu'« il restaurait l'image d'une horde d'éléphants semblant venus de toute l'Afrique et de toute l'Asie », des machines hydrauliques, des télescopes et des microscopes avec

Confessions d'un jeune romancier

des observations microscopiques d'insectes, des globes terrestres, des sphères armillaires, des astrolabes, des planisphères, des horloges hydrauliques, mécaniques et magnétiques, des lentilles, des sabliers, des instruments pour mesurer la température et l'humidité, diverses peintures et images de montagnes et de précipices, de cours d'eau sinueux dans des vallées, de labyrinthes forestiers, de vagues écumantes, de tourbillons, de collines, de perspectives architecturales, de ruines, de monuments antiques, de batailles, de massacres, de duels, de triomphes, de palais, de mystères bibliques et d'effigies de dieux.

J'ai pris grand plaisir à imaginer un des personnages du *Pendule de Foucault* errant par les couloirs déserts du Conservatoire des arts et métiers à Paris : un musée de l'histoire de la technologie qui contient des mécanismes obsolètes, aux fonctions désormais mystérieuses pour les visiteurs, si bien que l'ensemble donne à celui qui parcourt ses couloirs l'impression d'être menacé par des monstres artificiels et inconnus, et déclenche dans son esprit halluciné une série ininterrompue de fantasmes paranoïdes :

À terre s'étend une théorie de véhicules automobiles, bicycles et voitures à vapeur, d'en haut dominent les avions des pionniers, en certains cas les objets sont intacts, encore qu'écaillés, corrodés par le temps, et ils

184

Mes listes

ont l'air, tous, à la lumière ambiguë en partie naturelle et en partie électrique, d'être recouverts d'une patine, d'un vernis de vieux violon ; d'autres fois, il reste des squelettes, des châssis, des dislocations de bielles et de manivelles qui font peser la menace d'irracontables tortures, enchaîné qu'on se voit déjà à ces lits de contention où quelque chose pourrait se mettre en branle et à fouiller les chairs, jusqu'aux aveux.

Et au-delà de cette série d'anciens objets mobiles, maintenant immobiles, à l'âme rouillée, purs signes d'un orgueil technologique qui les a voulus exposés à la révérence des visiteurs, veillé à gauche par une statue de la Liberté, modèle réduit de celle que Bartholdi avait projetée pour un autre monde, et à droite par une statue de Pascal, s'ouvre le chœur où, aux oscillations du Pendule, fait couronne le cauchemar d'un entomologiste malade – chélates, mandibules, antennes, proglottis, ailes, pattes –, un cimetière de cadavres mécaniques qui pourraient se remettre à marcher tous en même temps – magnétos, transformateurs monophasés, turbines, groupes convertisseurs, machines à vapeur, dynamos –, et au fond, au-delà du Pendule, dans le promenoir, des idoles assyriennes, chaldaïques, carthaginoises, de grands Baals au ventre un jour brûlant, des vierges de Nuremberg avec leur cœur hérissé de clous mis à nu, ce qui avait été autrefois des moteurs d'aéroplane : indicible couronne de simulacres prosternés dans l'adoration du Pendule, comme si les enfants de la Raison et des Lumières avaient été condamnés à garder pour

Confessions d'un jeune romancier

l'éternité le symbole même de la Tradition et de la Sapience.

...

Descendre. Bouger... Je ne désirais rien d'autre depuis plusieurs heures, mais à présent que je pouvais, à présent qu'il était sage de le faire, je me sentais comme paralysé. Je devrais traverser de nuit les salles, en me servant de ma lampe de poche avec modération. Une rare lumière nocturne filtrait par les verrières, et si je m'étais imaginé un musée rendu spectral par la clarté de la lune, je m'étais bien trompé. Des grandes fenêtres, les vitrines recevaient d'imprécis reflets. Si je ne m'étais pas déplacé avec prudence, j'aurais pu m'écrouler par terre en heurtant quelque chose dans un fracas de cristaux ou de ferraille. J'allumais ma lampe de temps en temps. Je me sentais comme au Crazy Horse : par moments une lumière imprévue me révélait une nudité, non pas de chair, mais bien de vis, d'étaux, de boulons.

Et si soudain j'avais éclairé une présence vivante, la silhouette de quelqu'un, un envoyé des Seigneurs, qui refaisait spéculairement mon parcours ? Qui aurait crié le premier ? Je tendais l'oreille. À quoi bon ? Je ne faisais pas de bruit, j'effleurais le sol. Donc, lui aussi.

Dans l'après-midi, j'avais attentivement étudié l'enfilade des salles, et j'étais convaincu que même dans le noir j'aurais pu trouver l'escalier monumental. En fait, j'errais presque à tâtons et j'avais perdu le sens de l'orientation.

Mes listes

Peut-être étais-je en train de passer pour la seconde fois dans certaines salles, peut-être ne sortirais-je plus jamais de là, et peut-être que cela, cette errance au milieu de machines dénuées de sens, constituait le rite.

...

... Moteur de Froment : une structure verticale à base rhomboïdale, qui renfermait, telle une cire anatomique exhibant ses côtes artificielles, une série de bobines, que sais-je, des piles, des rupteurs, diables de noms qu'on lit dans les livres scolaires, actionnés par une courroie de transmission qui s'innervait à un pignon à travers une roue dentée... À quoi pouvait-elle avoir servi ? Réponse : à mesurer les courants telluriques, évidemment.

Des accumulateurs. Qu'est-ce qu'ils accumulaient ? Il ne restait qu'à imaginer les Trente-Six Invisibles comme autant de secrétaires (les gardiens du secret) obstinés qui taperaient la nuit sur leur piano-scripteur pour en faire sortir un son, une étincelle, un appel, tendus dans un dialogue entre rivage et rivage, entre abîme et surface, du Machu Picchu à Avalon, zip zip zip, allô allô allô, Pamersiel Pamersiel, j'ai capté le frémissement, le courant Mu 36, celui que les brahmanes adoraient comme faible respiration de Dieu, à présent j'insère la fiche, circuit micro-macrocosmique en action, toutes les racines de mandragore frémissent sous la croûte du globe, entends le chant de la Symphonie universelle, terminé.

...

187

Confessions d'un jeune romancier

Ils étaient ici, à actionner ces machines électroca-
pillaires pseudo-thermiques hexatétragrammatiques –
c'est ainsi qu'aurait dit Garamond, non ? –, et de
temps à autre, que sais-je, l'un d'eux aurait inventé un
vaccin, ou une ampoule, pour justifier la merveilleuse
aventure des métaux, mais leur tâche était bien différente : les voici tous ici réunis à minuit pour faire
tourner cette machine statique de Ducretet, une roue
transparente qui a l'air d'une bandoulière, et, derrière,
deux petites boules vibratiles soutenues par deux
baguettes à arc ; peut-être alors se touchaient-elles et
en jaillissait-il des étincelles, Frankenstein espérait
qu'ainsi il pourrait donner vie à son golem, eh bien
non, il fallait attendre un autre signal : conjecture, tra-
vaille, creuse creuse vieille taupe...

... Une machine à coudre (qui était tout autre que
celles dont on fait la publicité sur la gravure, en même
temps que la pilule pour développer la poitrine et le
grand aigle qui vole au milieu des montagnes en
emportant dans ses serres l'amer régénérateur, Robur
le Conquérant, R-C), mais si on l'actionne on fait
tourner une roue, la roue un anneau, l'anneau... que
fait-il, qui écoute l'anneau ? Le petit carton disait « les
courants induits par le champ terrestre ». Avec impu-
deur ; même les enfants peuvent le lire pendant leurs
visites de l'après-midi...

... J'allais et venais. J'aurais pu m'imaginer plus
petit, microscopique, et voilà que j'aurais été voyageur
ébahi dans les rues d'une ville mécanique, toute cré-
nelée de gratte-ciel métalliques. Cylindres, batteries,

Mes listes

bouteilles de Leyde l'une sur l'autre, petit manège haut de vingt centimètres, tourniquet électrique à attraction et répulsion. Talisman pour stimuler les courants de sympathie. Colonnade étincelante formée de neuf tubes, électro-aimant, une guillotine, au centre – et on eût dit une presse d'imprimerie –, pendaient des crochets soutenus par des chaînes d'étable. Une presse où on peut enfiler une main, une tête à écraser. Cloche de verre mue par une pompe pneumatique à deux cylindres, une sorte d'alambic avec, dessous, une coupe, et à droite une sphère de cuivre. Saint-Germain y concoctait ses teintures pour le landgrave de Hesse.

Un râtelier à pipes avec un grand nombre de petites clepsydres à l'étranglement allongé comme une femme de Modigliani, renfermant une matière imprécise, sur deux rangées de dix chacune, et pour chacune le renflement supérieur se dilatait à une hauteur différente, telles de petites montgolfières sur le point de prendre leur envol, retenues à terre par un poids énorme en forme de boule. Appareil pour la production du Rebis, sous les yeux de tout le monde.

Section de la verrerie. J'étais revenu sur mes pas. Des flacons verts, un hôte sadique m'offrait des poisons quintessentiels. Des Machines de fer pour faire des bouteilles, elles s'ouvraient et se fermaient avec deux manettes, et si quelqu'un, au lieu d'une bouteille, y mettait le poignet ? Zac, comme cela devait arriver avec ces énormes tenailles, ces ciseaux, ces bistouris à bec recourbé qu'on pouvait enfiler dans le sphincter, dans les oreilles, dans l'utérus, pour en extraire le

Confessions d'un jeune romancier

fœtus encore frais à broyer avec le miel et le poivre afin de satisfaire la soif d'Astarté… La salle que je traversais maintenant avait de vastes vitrines, j'entrevoyais des boutons pour mettre en marche des pointes hélicoïdales qui auraient avancé, inexorables, vers l'œil de la victime, le Puits et le Pendule, nous en étions presque à la caricature, aux machines inutiles de Goldberg, aux pressoirs de torture où Pat Hibulaire attachait Mickey, l'engrenage extérieur à trois pignons, triomphe de la mécanique Renaissance, Branca, Ramelli, Zonca, je connaissais ces engrenages, je les avais mis en pages pour la merveilleuse aventure des métaux, mais ils avaient été placés ici après, au siècle passé, ils étaient déjà prêts pour réprimer les récalcitrants après la conquête du monde, les Templiers avaient appris chez les Assassins comment faire taire Noffo Dei le jour où ils l'auraient capturé, la swastika de von Sebottendorf tordrait en direction du soleil les membres pantelants des ennemis des Seigneurs du monde, tout était prêt. Ils attendaient un signe, tout sous les yeux de tous, le Plan était public, mais personne n'aurait pu le deviner, des gueules grinçantes chanteraient leur hymne de conquête, grande orgie de bouches réduites à une simple dent, qui se boulonnent l'une contre l'autre, dans un spasme fait de tic tac comme si toutes les dents étaient tombées par terre au même moment.

Et enfin je m'étais trouvé devant l'émetteur à étincelles soufflées conçu pour la tour Eiffel, en vue de l'émission de signaux horaires entre France, Tunisie et Russie (Templiers de Provins, Pauliciens et Assassins

Mes listes

de Fez ; Fez n'est pas en Tunisie et les Assassins étaient
en Perse, et puis après, on ne peut subtiliser sur les
mots quand on vit dans les spires du Temps Subtil),
et j'avais déjà vu cette machine immense, plus grande
que moi, aux parois percées d'écoutilles, de prises
d'air, qui voulait me convaincre que c'était un appareil
de radio ? Mais oui, je le connaissais, j'étais passé à
côté dans l'après-midi encore. Le centre Beaubourg !

Sous nos yeux. Et, en effet, à quoi aurait dû servir
cette immense grosse boîte au centre de Lutèce
(Lutèce, l'écoutille de la mer de boue souterraine), là
où autrefois était le Ventre de Paris, avec ces trompes
préhensiles de courants aériens, cette démence de
tuyaux, de conduits, cette oreille de Denys béante sur
le vide extérieur pour envoyer des sons, des messages,
des signaux jusqu'au centre du globe et les restituer
en vomissant des informations de l'enfer ? D'abord le
conservatoire, comme laboratoire, puis la tour comme
sonde, enfin Beaubourg, comme machine émettrice-
réceptrice globale. Croit-on qu'on avait mis sur pied
cette immense ventouse pour amuser une poignée
d'étudiants chevelus et puants qui allaient entendre le
dernier disque en vogue avec un écouteur japonais
dans l'oreille ? Sous nos yeux. Beaubourg comme
porte du royaume souterrain d'Agarttha, le monument
des Equites Synarchici Resurgentes. Et les autres,
deux, trois, quatre milliards d'Autres, ils l'ignoraient,
ou s'efforçaient de l'ignorer[1].

---

1. Eco, *Le Pendule de Foucault* (chap. I et CXII), Paris, Grasset.

Confessions d'un jeune romancier

Définition par liste de propriétés
contre définition par essence

Homère décrit le bouclier d'Achille comme une forme parce qu'il sait exactement comment se déroule la vie dans la société qu'il évoque ; en revanche, il se borne à faire une liste des guerriers parce qu'il ne sait pas combien ils sont. Ainsi pourrait-on penser que les formes sont caractéristiques des cultures évoluées, qui connaissent le monde qu'elles sont parvenues à explorer et à définir, alors que les listes sont typiques des cultures primitives, celles qui n'ont encore qu'une image imprécise de l'univers et s'efforcent d'en énumérer autant de propriétés qu'elles le peuvent, sans établir entre elles de relations hiérarchiques. Nous verrons que dans une certaine perspective, c'est exact ; mais la liste refait son apparition au Moyen Âge (à l'époque où les grandes *Summae* théologiques et les encyclopédies affirmaient offrir à l'univers matériel et spirituel une forme définitive), à la Renaissance et à l'époque baroque (où la forme du monde était celle d'une nouvelle astronomie), et plus encore dans le monde moderne et postmoderne. Réfléchissons à la première partie du problème.

Le rêve de toute philosophie et de toute science, depuis l'Antiquité grecque jusqu'à nos jours, est de connaître et définir les choses par leur *essence*. Dès Aristote, la définition par l'essence a signifié qu'on

Mes listes

définissait une chose donnée comme un individu d'une espèce donnée, et l'espèce comme une partie d'un genre donné[1]. Ainsi procède encore la taxonomie moderne pour définir les animaux et les plantes. Naturellement, le système de classes et de sous-classes est aujourd'hui plus complexe : par exemple, un tigre appartient à l'espèce *Tigris*, au genre *Panthera*, à la famille *Felidae*, au sous-ordre *Fissipedia*, à l'ordre *Carnivora*, à la sous-classe *Theria* et à la classe *Mammalia*.

Un ornithorynque est une espèce de mammifère monotrème (c'est-à-dire qu'il pond des œufs). Mais après que l'ornithorynque eut été découvert, il s'écoula quatre-vingts ans avant qu'on ne le définît comme un mammifère monotrème. Dans cet intervalle, les scientifiques durent décider comment le classer ; et jusque-là, de manière assez troublante, il resta une créature de la taille d'une taupe, avec de petits yeux, un bec de canard, une queue, des pattes qu'il utilisait pour nager et pour fouir le sol, dont celles de devant présentaient quatre griffes réunies par une membrane (plus grande que celle qui réunissait les griffes des pattes de derrière), la capacité de pondre des œufs, mais aussi d'allaiter ses petits grâce à ses glandes mammaires.

---

1. Nous n'aborderons pas ici le problème séculaire de la *différence spécifique*, en vertu de laquelle on distingue les humains comme des animaux rationnels, à la différence des autres, qui sont des animaux irrationnels. Sur ce sujet, cf. Umberto Eco, *Sémiotique et philosophie du langage*, trad. Myriem Bouzaher, Paris, Presses universitaires de France.

Confessions d'un jeune romancier

C'est exactement ce que dirait un non-spécialiste en observant un ornithorynque. Remarquons au passage qu'en énumérant ces propriétés désordonnées, ce non-spécialiste sera capable de distinguer un ornithorynque d'un bœuf, alors que s'il ne sait rien de la taxonomie scientifique et qu'on lui déclare qu'il a affaire à un « mammifère monotrème », il ne saura pas ce qui distingue l'ornithorynque du kangourou. Si un enfant demande à sa mère ce que c'est qu'un tigre et à quoi cette bête ressemble, il est peu probable qu'elle lui répondra qu'il s'agit d'un mammifère appartenant au sous-ordre des *Fissipedia*, ou d'un carnivore fissipède : elle lui expliquera plutôt qu'il s'agit d'un fauve dangereux, assez pareil à un chat mais en beaucoup plus grand, très agile, jaune rayé de noir, qui vit dans la jungle, mange parfois les humains, etc.

Une définition par essence prend en considération les substances, et nous présumons connaître toute la gamme de celles-ci : par exemple « être vivant », « animal », « plante », « minéral ». À l'inverse, selon Aristote, une définition par propriétés est une définition par accidents, et les accidents sont en nombre infini. Un tigre – qui selon la définition par essence appartient au règne des *Animalia*, à l'embranchement des *Chordata*, etc. – se caractérise par un certain nombre de propriétés qui l'identifient en tant qu'espèce : il a quatre pattes, ressemble à un grand chat, a un pelage rayé, pèse une moyenne de tant de

194

Mes listes

kilos, rugit d'une façon typique et a une durée de vie d'environ tant d'années. Mais un tigre peut aussi être un animal qui se trouvait sur l'arène du Colisée un jour particulier du règne de Néron, ou qui a été abattu le 24 mai 1846 par un officier britannique du nom de Ferguson, ou qui peut posséder une myriade d'autres propriétés accidentelles.

La réalité est que nous définissons rarement les choses par leur essence : beaucoup plus souvent, nous faisons la liste de leurs propriétés. Voilà pourquoi toutes les listes qui définissent quelque chose par une série non finie de propriétés, si vertigineuses qu'elles puissent nous paraître, nous semblent (sauf si nous appartenons au département scientifique d'une université) plus proches de notre manière quotidienne de définir et de reconnaître les choses[1]. Une représentation

––––––––––

1. Naturellement, une liste par propriétés peut aussi avoir un but d'évaluation. On en trouvera un exemple dans l'éloge de Tyr en Ézéchiel, 27 (cité plus haut) ou dans le péan à la gloire de l'Angleterre (« Cette île au sceptre... ») dans l'acte II du *Richard II* de Shakespeare. Un autre type de liste par propriétés à fin d'évaluation est le topos de la *laudatio puellae* – la représentation de belles femmes –, dont le plus noble exemple est le Cantique des cantiques. Mais nous en rencontrons aussi chez des auteurs modernes, comme Rubén Dario dans son *Canto de la Argentina*, qui est une véritable explosion de listes encomiastiques dans le style de Whitman. De même, on peut mentionner la *vituperatio puellae* (ou *vituperatio dominae*) : la représentation de femmes laides, comme chez Horace ou Clément Marot. Il existe aussi des

195

Confessions d'un jeune romancier

par accumulation ou par série de propriétés présuppose non un dictionnaire, mais une encyclopédie : une encyclopédie toujours inachevée, et que les membres d'une culture donnée ne connaissent et ne maîtrisent, selon leur degré de compétence, qu'en partie.

On recourt aux descriptions par propriétés quand on appartient à une culture primitive qui doit encore se construire une hiérarchie des genres et des espèces et ne possède pas de définitions par essence. Mais ce peut aussi être le cas dans une culture évoluée et mécontente de certaines définitions essentielles existantes, désireuse de les remettre en question ou tentant, par la découverte de nouvelles propriétés, d'accroître sa somme de connaissances sur certains objets de son encyclopédie.

Le rhétoricien italien Emanuele Tesauro, dans *Il Canocchiale aristotelico*, ou *Le Télescope aristotélicien* (1665), propose le modèle de la métaphore comme moyen de découvrir des relations jusqu'alors inconnues entre des données connues. La méthode fonctionne par la compilation d'un répertoire de choses connues où l'imagination métaphorique peut puiser pour trouver de nouveaux parallèles, liens et affinités. De la sorte, Tesauro formule l'idée d'un Index catégorique,

---

représentations d'hommes laids, comme dans la fameuse tirade de Cyrano de Bergerac sur son nez.

Mes listes

qui ressemble à un énorme dictionnaire mais consigne en réalité une série de propriétés accidentelles. Il présente son index (avec une délectation baroque devant cette idée « merveilleuse ») comme un « secret véritablement secret », un outil essentiel pour « révéler des objets cachés dans diverses catégories et établir entre eux des comparaisons ». En d'autres termes, cet index possède la capacité de déterrer des analogies et des similarités qui seraient passées inaperçues si tout était resté classé dans sa propre catégorie.

Le mieux que je puisse faire est d'énumérer quelques exemples du catalogue de Tesauro, qui paraît susceptible d'une expansion sans fin. Sa liste de « Substances » est complètement ouverte, et comprend les Personnes divines, les Idées, les Dieux des fables, les Anges, les Démons et les Esprits ; dans la catégorie des « Cieux », il range les Étoiles errantes, le Zodiaque, les Vapeurs, les Exhalaisons, les Météores, les Comètes, la Foudre et les Vents ; celle de la « Terre » comprend les Champs, les Déserts, les Montagnes, les Collines et les Promontoires ; celle des « Corps », les Pierres, les Gemmes, les Métaux et les Herbes ; celles des « Mathématiques », les Globes, les Compas, les Carrés, et ainsi de suite. De même, la catégorie « Quantités » contient une sous-catégorie, celle des « Volumes », où nous trouvons le Grand, le Petit, le Long et le Court ; dans « Quantités de Poids » sont inclus le Léger et le Lourd. Dans la catégorie « Qualités » et la rubrique « Voir »,

197

Confessions d'un jeune romancier

il cite le Visible et l'Invisible, l'Apparent, le Beau et le Difforme, le Clair et l'Obscur, le Blanc et le Noir. À « Odeur », il propose l'Odeur et la Puanteur, et ainsi de suite avec d'autres catégories comme « Relation », « Action et Affection », « Position », « Temps », « Lieu » et « État ». Pour prendre un exemple, dans la catégorie « Quantités », la sous-catégorie « Quantités de Volume » et la sous-sous-catégorie « Petites Choses », on trouve des anges qui se tiennent sur une tête d'épingle, les formes incorporelles, les pôles en tant que points immobiles d'une sphère, le zénith et le nadir. Parmi les « Choses élémentaires », nous trouvons l'étincelle du feu, la goutte d'eau, le scrupule de pierre, le grain de sable, la gemme et l'atome ; parmi les « Choses humaines », l'embryon, l'avorton, le pygmée ; parmi les « Animaux », la fourmi et la mouche ; parmi les « Plantes », le grain de sénevé et la miette de pain ; sous la rubrique « Sciences », le point mathématique ; et sous « Architecture », la pointe de la pyramide.

Cette liste semble n'avoir ni rime ni raison, comme toutes les tentatives baroques pour embrasser le contenu global d'un corpus de savoir. Dans *Tecnica curiosa* (1664) et son livre sur la magie naturelle, *Joco-seriorium naturae et artis sive magiae naturalis centuriae tres* (1665), Caspar Schott mentionne un ouvrage datant de 1653 dont l'auteur a présenté à Rome un *Artificium* comprenant quarante-quatre « classes »

Mes listes

fondamentales : les Éléments (feu, vent, fumée, cendre, enfer, purgatoire, le centre de la terre), Entités célestes (étoiles, foudre, arc-en-ciel), Entités intellectuelles (Dieu, Jésus, discours, opinion, soupçon, âme, stratagème ou spectre), États séculiers (empereurs, barons, plébéiens), États ecclésiastiques, Artisans (peintres, marins), Instruments, Affections (amour, justice, désir), Religion, Confession sacramentelle, Tribunal, Armée, Médecine (médecins, faim, clystère), Bêtes brutes, Oiseaux, Reptiles, Poissons, Parties des Animaux, Meubles, Aliments, Boissons et Liquides (vin, bière, eau, beurre, cire, résine), Vêtements, Étoffes de Soie, Laines, Toiles et autres Étoffes tissées, Arômes (cannelle, chocolat), Métaux, Monnaies, Artefacts divers, Pierres, Joyaux, Arbres, Fruits, Lieux publics, Poids, Mesures, Numéraux, Temps, Adjectifs, Adverbes, Prépositions, Personnes (pronoms, titres comme « Son Éminence le cardinal »), Voyages (foin, route, bandit).

Je pourrais continuer en citant d'autres listes baroques, allant de Kircher à Wilkins, chacune plus vertigineuse que la précédente. Dans toutes, l'absence d'esprit systématique atteste l'effort de l'encyclopédiste pour éluder les classifications obsolètes par genres et par espèces.

Confessions d'un jeune romancier

Excès

Du point de vue littéraire, ce que ces tentatives « scientifiques » de classification ont offert aux écrivains est un modèle de *prodigalité* ; mais on pourrait estimer qu'au contraire, ce sont les écrivains qui ont offert ce modèle aux scientifiques. Et il est vrai qu'un des premiers maîtres de la liste galopante est Rabelais, et que, s'il a eu recours à de telles listes, c'est justement pour subvertir l'ordre rigide des *Summae* académiques médiévales.

Dès lors, la liste – qui aux temps anciens était considérée comme un pis-aller, une façon de parler de l'inexprimable quand les mots faisaient défaut, un catalogue torturé impliquant l'espoir silencieux de trouver à la fin une forme qui imposerait son ordre à un ensemble d'accidents aléatoires – est devenue un acte poétique accompli par pur amour de la *déformation*. Rabelais a été l'initiateur d'une poétique de la liste pour la liste : une poétique de la liste par *excès*.

Seul un goût pour l'excès a pu inspirer le fabuliste baroque Giambattista Basile, dans *Lo cunto de li cunti overo Lo trattenemiento de peccerille* (« Le conte des contes ou Le divertissement des petits enfants »), quand il raconte l'histoire de sept frères transformés en sept colombes à cause d'un méfait de leur sœur et grossit son texte d'une kyrielle de noms d'oiseaux : milans,

200

Mes listes

autours, faucons, poules d'eau, bécasses, chardonnerets, piverts, geais, chouettes, pies, choucas, corneilles, étourneaux, bécassines, coqs, poules et poussins, dindons, merles, grives, pinsons, mésanges, troglodytes, vanneaux, linottes, verdiers, becs-croisés, gobe-mouches, alouettes, pluviers, martins-pêcheurs, bergeronnettes, rouges-gorges, amadines, hirondelles, canards, litornes, palombes, bouvreuils. C'est aussi par amour de l'excès que Robert Burton, dans son *Anatomy of Melancholy* (« Anatomie de la mélancolie », livre II, partie 2), décrit une femme laide en accumulant sur des pages et des pages un nombre exorbitant d'adjectifs péjoratifs et d'insultes. Et c'est encore par amour de l'excès que Giambattista Marino (le « Cavalier Marin »), dans la partie 10 de son *Adone*, fait déferler sur le papier un déluge de lignes énumérant les fruits de l'ingéniosité humaine : « astrolabes et almanachs, boussoles, râpes et pinces-monseigneur, cages, maisons de fous, tabards, étuis et sacs, labyrinthes, niveaux à plomb et à bulle, dés, cartes, balles, échiquiers et joueurs, et crécelles, et poulies, et forets, bobines, bobineuses, racages, horloges, alambics, décanteurs, soufflets et creusets, regards, ballots et poches pleines d'air, et bulles de savon gonflées, et tours de fumée, feuilles d'ortie, fleurs de citrouille, plumes vertes et jaunes, araignées, scarabées, criquets, fourmis, guêpes, moustiques, lucioles et phalènes, souris, chats, vers à soie, et cent autres extravagances d'appareils et d'animaux : tout cela, vous

Confessions d'un jeune romancier

le voyez, ainsi que d'autres fantômes, en rangs massifs[1] ».

C'est également par goût de l'excès qu'Hugo, dans *Quatre-Vingt-Treize* (livre II, chapitre 3), quand il veut suggérer les dimensions monumentales de la Convention républicaine, explose en une avalanche de noms, page après page, faisant en sorte que ce qui aurait pu être un simple registre d'archivage devient une expérience sidérante. Et la liste des listes extravagantes et excessives pourrait devenir elle-même extravagante et excessive.

Immodération ne veut pas dire incongruité : une liste peut être excessive (par exemple le catalogue des jeux de Gargantua, que nous avons cité plus haut), mais aussi pleinement cohérente (ce catalogue est une énumération logique de passe-temps). Aussi existe-t-il des listes qui sont *cohérentes dans leur excès* et d'autres qui, tout en n'étant pas excessivement longues, constituent un assemblage de choses délibérément dépourvues de toute interrelation apparente, au point qu'on les désigne comme des *énumérations chaotiques*[2].

Le meilleur exemple de combinaison réussie entre l'immodération et la cohérence est peut-être la

---

1. Cf. Umberto Eco, *Vertige de la liste*, trad. Myriem Bouzaher, Paris, Flammarion.

2. Cf. Leo Spitzer, *La Enumeración caotica en la poesia moderna*, Buenos Aires, Faculdad de filosofia y letras, 1945.

Mes listes

description des fleurs du jardin de Paradou dans *La Faute de l'abbé Mouret*, de Zola. En revanche, un exemple complètement chaotique peut être l'énumération de noms et de choses compilée par Cole Porter dans sa chanson *You're the Top !* : le Colisée, le Louvre, une mélodie d'un poème symphonique de Strauss, un chapeau de Bendel, un sonnet de Shakespeare, Mickey Mouse, le Nil, la tour de Pise, le sourire de la Joconde, le mahatmah Gandhi, la fine Napoléon, la lumière pourpre d'une nuit d'été en Espagne, la National Gallery, la Cellophane, un dîner autour d'une dinde, un dollar à l'effigie du président Coolidge, la prestesse des pieds de Fred Astaire, un drame d'O'Neill, la maman de Whistler, le camembert, une rose, le Dante de l'*Enfer*, le nez du grand Durante, une danse à Bali, un tamal chaud, un ange, un Botticelli, Keats, Shelley, l'Ovaltine, un grand boum, la lune par-dessus l'épaule de Mae West, une salade Waldorf, les bateaux qui glissent sur le Zuiderzee assoupi, un vieux maître hollandais, Lady Astor, les brocolis, la romance... Pourtant, la liste n'est pas dénuée d'une certaine cohérence : ce qu'elle mentionne, ce sont toutes les choses que Porter trouve aussi merveilleuses que la personne qu'il aime. Nous pouvons critiquer un manque de discrimination dans sa liste de valeurs, mais non sa logique.

L'énumération chaotique n'est pas la même chose que le flux de conscience. Chez Joyce, tous les

Confessions d'un jeune romancier

monologues intérieurs pourraient être de pures accumulations d'éléments disparates, à ceci près que pour en faire un ensemble cohérent, nous considérons qu'ils émergent de la conscience d'un seul et même personnage, l'un après l'autre, par des associations que l'auteur n'est pas toujours obligé d'expliquer.

Le bureau de Tyrone Slothrop, tel qu'il est décrit par Thomas Pynchon dans le premier chapitre de *L'Arc-en-ciel de la gravité*, est assurément chaotique, mais sa description ne l'est pas. On peut en dire autant de celle du chaos dans la cuisine de Leopold Bloom, dans *Ulysse*. Il est difficile de dire si la liste immodérée des choses que voit Georges Perec en un seul jour sur la place Saint-Sulpice à Paris (*Tentative d'épuisement d'un lieu parisien*) est cohérente ou chaotique. La liste ne peut être qu'aléatoire et désordonnée : la place, ce jour-là, est sans aucun doute le théâtre de cent mille autres événements que Perec n'a ni remarqués ni notés. D'un autre côté, le fait qu'elle ne contienne que ce qu'il a observé lui confère une sorte de déconcertante homogénéité.

Parmi les listes à la fois excessives et cohérentes, on peut aussi inclure la représentation de l'abattoir dans *Berlin Alexanderplatz*, le roman d'Alfred Döblin. En principe, ce passage se veut la description d'un lieu industriel et des opérations qui y sont effectuées ; mais le lecteur éprouve quelque difficulté à comprendre la disposition de l'endroit et l'enchaînement logique des

Mes listes

activités dans la dense agglomération des détails : données numériques, giclées de sang et troupeaux de porcelets effrayés. Si l'abattoir de Döblin est horrible, c'est en raison de la masse de ces détails, si écrasante que le lecteur en a le tournis. Tout ordre possible est tout simplement désintégré par le désordre de la folle bestialité ambiante, qui est une allusion prophétique aux massacres à venir.

En somme, la description de Döblin est similaire à celle de Pynchon : la représentation non chaotique d'une situation chaotique. C'est ce genre de liste pseudo-chaotique qui m'a inspiré quand j'ai écrit le chapitre 28 de mon *Baudolino*.

Baudolino et ses amis se dirigent vers le pays légendaire du Prêtre Jean. Soudain, ils arrivent au Sambatyon, la rivière qui, selon la tradition rabbinique, ne contient pas d'eau. Elle n'est qu'un torrent rageur de sable et de pierres, et produit un bruit si assourdissant qu'on peut l'entendre à distance d'un jour de marche. Ce flot rocailleux ne s'arrête qu'au début du sabbat, et c'est seulement le jour du sabbat qu'on peut le traverser.

J'ai imaginé qu'une rivière faite de pierres serait assez chaotique, surtout si ces pierres étaient de taille, de couleur et de dureté différentes. J'ai trouvé une liste merveilleuse de pierres et d'autres minéraux dans l'*Histoire naturelle* de Pline, et les noms mêmes de ces matières ont travaillé de concert pour rendre ma liste

205

Confessions d'un jeune romancier

plus « musicale ». Voici quelques-uns des spécimens de mon catalogue :

C'était une coulée majestueuse de rocs et de limon, un flux sans trêve, et on pouvait voir, dans ce courant de grandes roches informes, des dalles irrégulières, coupantes comme des lames, larges comme des pierres tombales, et, entre les unes et les autres, du gravier, des fossiles, des pics, des roches et des éperons.

Allant à une vitesse égale comme poussés par un vent impétueux, des fragments de travertin roulaient les uns sur les autres, de grandes lèvres de failles glissaient dessus, pour ensuite réduire leur élan quand elles rebondissaient sur des flots de caillasse, alors que les cailloux désormais ronds, polis comme par l'eau dans leurs glissades entre bloc et bloc, sautillaient bien haut, retombaient avec des bruits secs, et se voyaient pris par ces mêmes tourbillons qu'eux-mêmes créaient en se heurtant les uns contre les autres. Au milieu et au-dessus de ce chevauchement de masses minérales se formaient des souffles de sable, des bouffées de craie ; des nues de lapilli, des écumes de ponces, des rus de malthe.

Ici et là, giclées de gypse, grêles de charbons retombaient sur la rive, et les voyageurs devaient parfois se couvrir le visage pour éviter d'en être balafrés.

...

Ils chevauchèrent six jours durant, en voyant certes que le lit se resserrait et que le fleuve devenait au fur

Mes listes

et à mesure torrent et puis ruisseau, mais ne parvenant à la source que vers le cinquième jour, quand désormais depuis le troisième on avait vu surgir à l'horizon une chaîne inaccessible de très hautes montagnes qui, à la fin, dominaient les voyageurs presque jusqu'à leur empêcher la vue du ciel, serrés qu'ils étaient dans une gorge de plus en plus étroite et sans aucune issue, d'où tout en haut on n'apercevait plus qu'un amas de nuages errants, à peine luminescents, qui rongeaient le faîte des cimes.

Là, par une fente, presque une blessure entre deux monts, on voyait le Sambatyon prendre sa source : un bouillonnement d'arène, un gargouillement de tuf, un égouttement de boue, un cliquètement d'éclats, un grondement de limon qui s'encaillotte, un débordement de mottes, une pluie d'argiles peu à peu se transformaient en un flux plus constant qui débutait son voyage vers quelque immense océan de sable.

Nos amis employèrent un jour à tenter de contourner les montagnes et découvrir un passage en amont de la source, mais en vain.

...

... ils décidèrent alors de suivre le fleuve... jusqu'au moment où, après cinq journées de voyage ou presque, et de nuits étouffantes comme le jour, ils se rendirent compte que le continuel grondement de ce déferlement était en train de se transformer. Le fleuve avait pris une vitesse plus grande, dans son cours se dessinaient des manières de courants, des rapides qui entraînaient de gros blocs de basalte, comme des fétus,

Confessions d'un jeune romancier

on entendait une sorte de tonnerre lointain... Puis, toujours plus impétueux, le Sambatyon commençait à se subdiviser en une myriade de méchantes petites rivières qui s'inséraient entre les déclivités montagneuses tels les doigts de la main dans une motte de boue grumeleuse ; parfois un flot s'engouffrait dans une grotte, puis, par une sorte de passage rocheux qui paraissait praticable, il ressortait en rugissant et se jetait avec rage en aval. Et soudain, après un large tour qu'ils furent obligés de faire parce que les rives mêmes étaient devenues inaccessibles, battues par des tourbillons d'éboulis, ils virent, grimpés au sommet d'un petit plateau, comment le Sambatyon, au-dessous d'eux, s'anéantissait dans une manière de gorge de l'enfer.

C'étaient des cataractes qui tombaient de dizaines d'avant-toits rupestres disposés en amphithéâtre, dans un vortex final démesuré, un vomissement incessant de granit, un engloutissement de bitumes, un seul ressac d'alun, un bouillonnement de schistes, une répercussion d'orpiment contre les berges. Et sur la matière que le gouffre éructait vers le ciel, mais en bas, aux yeux de qui regardait comme du haut d'une tour, les rayons du soleil formaient sur ces gouttes siliceuses un immense arc-en-ciel, qui, chaque corps renvoyant les rayons avec une splendeur différente selon sa nature, avait beaucoup plus de couleurs que ceux qui se forment d'habitude dans le ciel après un orage, et, à la différence de ces derniers, il paraissait destiné à briller éternellement sans jamais se dissoudre.

Mes listes

C'était un rougeoiement d'hématites et de cinabres, un scintillement d'atramentum comme le ferait l'acier, un survol de paillettes d'auripigment du jaune à l'orange vif, un bleuissement d'arménium, un blanchoiement de coquilles calcinées, un verdoiement de malachites, une dissipation de litharges en safrans toujours plus pâles, une stridence de réalgar, une éructation de lourde terre verdâtre qui pâlissait en poussière de chrysocolle et puis transmigrait en nuages d'indigo et de violet, un triomphe d'or massif, un empourprement de céruse brûlée, un flamboiement de sandaraque, un chatoiement d'argile argentée, une unique transparence d'albâtres.

Nulle voix humaine ne pouvait se faire entendre dans ce fracas, les voyageurs n'avaient d'ailleurs point le désir de parler. Ils assistaient à l'agonie du Sambatyon rendu furieux de devoir disparaître dans les entrailles de la terre, cherchant à emporter tout ce qui se trouvait autour de lui, grinçant des pierres pour exprimer toute son impuissance[1].

Il est des listes qui deviennent chaotiques par l'effet d'un excès de colère, de haine et de rancœur, déchaînant des cascades d'insultes. On en trouve un exemple typique dans *Bagatelles pour un massacre*, où Céline éclate dans un flot d'invectives rageuses (non contre

---

1. *Baudolino* (chap. 28), Paris, Grasset.

Confessions d'un jeune romancier

les juifs, pour une fois, mais contre la Russie soviétique) :

> Dine ! Paradine ! Crèvent ! Boursouflent ! Ventre-dieu !... 487 millions ! D'empalafiés cosacologues ! Quid ? Quid ? Quod ? Dans tous les chancres de Slavie ! De Baltique slavigote en Blanche Altramer noire ? Quam ? Balkans ! Visqueux ! Ratagan ! De concombres !... Mornes ! Roteux ! De ratamerde ! Je m'en pourfentre !... Je m'en pourfoutre ! Gigante-ment ! Je m'envole ! Coloquinte !... Barbatoliers ? Immensément ! Volgaronoff !... Mongomoleux Tarta-ronesques !... Stakhanoviciants !... Culodovitch !... Quatre cent mille verstes myriamètres !... De steppes de condachiures, de peaux de Zébis-Laridon !... Ventre Poultre ! Je m'en gratte tous les Vésuves !... Déluges !... Fougueux de margachiante !... Pour tous vos sales pots fiottés d'entzarinavés !... Stabiline ! Vorokchiots ! Surplus Déconfits !... Transbérie ![1]

Énumération chaotique

Il semble au fond qu'il ne soit pas d'énumération qu'on puisse vraiment définir comme chaotique, car

---

1. Céline, *Bagatelles pour un massacre*, Paris, Denoël. On remarquera la curieuse similitude avec les crises de fureur du capitaine Haddock dans *Tintin* !

Mes listes

d'un certain point de vue toute énumération peut acquérir une certaine cohérence. Il n'y aurait rien d'absurde à établir une liste réunissant un balai, un exemplaire incomplet d'une biographie de Galien, un fœtus conservé dans l'alcool, et (pour citer Lautréamont) un parapluie et une table de dissection : il suffirait d'établir que c'est l'inventaire des objets entreposés dans la cave d'une école de médecine. Une liste rassemblant Jésus, Jules César, Cicéron, saint Louis, Damiens, Lincoln, Hitler, Mussolini, Kennedy et Saddam Hussein devient une collection homogène si nous observons qu'il s'agit de gens qui ne sont pas morts dans leur lit.

Pour trouver un exemple d'énumération authentiquement chaotique, qui anticipe les listes troublantes des surréalistes, il faudrait relire *Le Bateau ivre* de Rimbaud. C'est d'ailleurs à propos de Rimbaud qu'un critique a observé qu'il faudrait faire une différence entre énumération *conjonctive* et *disjonctive*[1]. Toutes mes citations précédentes sont des exemples d'énumération conjonctive : elles reposent sur un univers de discours spécifique en fonction duquel les éléments de la liste acquièrent une certaine cohérence mutuelle. À l'inverse,

1. Cf. Detlev W. Schumann, « Enumerative Style and Its Significance in Whitman, Rilke, Werfel » (« Le style énumératif et sa signification chez Whitman, Rilke, Werfel »), in *Modern Language Quarterly*, 3, n° 2 (juin 1942), pp. 171-204.

Confessions d'un jeune romancier

les énumérations disjonctives provoquent une brisure, comme l'expérience que vit un schizophrène quand il ressent une série d'impressions disparates et est incapable de leur imposer une unité. C'est cette notion d'énumération disjonctive qui a inspiré Leo Spitzer quand il a formulé son concept d'énumération chaotique[1], et il a cité pour l'illustrer ces vers des *Illuminations* de Rimbaud :

Au bois il y a un oiseau, son chant vous arrête et vous fait rougir.
Il y a une horloge qui ne sonne pas.
Il y a une fondrière avec un nid de bêtes blanches.
Il y a une cathédrale qui descend et un lac qui monte.
Il y a une petite voiture abandonnée dans le taillis, ou qui descend le sentier en courant, enrubannée.
Il y a une troupe de petits comédiens en costumes, aperçus sur la route à travers la lisière du bois.
Il y a enfin, quand l'on a faim et soif, quelqu'un qui vous chasse[2].

La littérature offre une grande richesse d'exemples d'énumérations chaotiques, de Pablo Neruda à Jacques Prévert, sans oublier les *Cosmicomics* de Calvino, qui

_____

1. Spitzer, *La enumeración caotica en la poesia moderna*.
2. Les *Illuminations*, « Enfance III », Paris, Gallimard, coll. La Pléiade.

212

Mes listes

représentent la formation aléatoire de la surface de la terre par des détritus météoriques. Calvino lui-même qualifie sa liste de « méli-mélo absurde », et note : « J'ai eu du plaisir à imaginer que parmi ces objets terriblement incongrus existait un lien mystérieux dont j'aurais à connaître la nature[1] ». Mais sans doute la plus délibérément chaotique de toutes les énumérations incongrues est-elle la liste d'animaux que Borges prétend avoir tirée d'une énigmatique encyclopédie chinoise et intitulée *Le Marché céleste des connaissances bénévoles*, mentionnée par Michel Foucault au début de sa préface à *L'Ordre des choses*. L'encyclopédie propose que les animaux soient divisés entre : (a) ceux qui appartiennent à l'empereur ; (b) ceux qui ont été embaumés ; (c) ceux qui sont dressés ; (d) les cochons de lait ; (e) les sirènes ; (f) les mythiques ou fabuleux ; (g) les chiens errants ; (h) ceux qui appartiennent à la présente classification ; (i) ceux qui tremblent comme s'ils étaient fous ; (j) ceux qui sont innombrables ; (k) ceux qui sont dessinés avec un fin pinceau en poil de chameau ; (l) *et cetera* ; (m) ceux qui viennent de casser le vase ; (n) ceux qui de loin ressemblent à des mouches[2].

En considérant des exemples d'excès cohérents et

---

1. Italo Calvino, « Le ciel de pierre », in *Cosmicomics*, Paris, Points Seuil.

2. Jorge Luis Borges, « La langue analytique de John Wilkins », in *Enquêtes, suivi de Entretiens*, Paris, Gallimard.

Confessions d'un jeune romancier

d'énumérations chaotiques et en les comparant aux listes de l'Antiquité, nous constatons qu'ils révèlent quelque chose de différent. Comme nous l'avons vu, Homère a recours à la liste parce que les mots lui manquent pour rendre justice à son thème, et le topos de l'ineffable a dominé la poétique des listes durant des siècles. Mais en observant les listes dressées par Joyce et par Borges, nous voyons que si ces auteurs les ont rédigées, ce n'est pas parce qu'ils ne savaient que dire, mais parce qu'ils voulaient dire certaines choses par amour de l'excès, poussés par un élan vers l'*hubris*, la démesure, et une convoitise pour les mots, pour la science joyeuse (et rarement obsessionnelle) du pluriel et de l'illimité. La liste devient une manière de réagencer le monde, en mettant presque en pratique la méthode de Tesauro : l'accumulation de propriétés pour faire surgir de nouveaux liens entre des choses disparates, et en tout cas jeter le doute sur ceux que reconnaît le sens commun. Ainsi la liste chaotique devient-elle un des modes de dislocation de la forme entreprise de diverses façons par le futurisme, le cubisme, le dadaïsme, le surréalisme et le nouveau réalisme.

La liste de Borges, de surcroît, ne se borne pas à mettre au défi tous les critères de la congruité, mais joue délibérément sur les paradoxes de la théorie des ensembles. Elle brave tous les critères raisonnables de la congruité, car il est impossible de comprendre quel

Mes listes

sens il y a à placer cet « *et cetera* » non à la fin de la série, à la place d'éléments additionnels, mais *parmi* les éléments de la liste elle-même. Et ce n'est pas le seul problème. Ce qui rend cette liste vraiment dérangeante, c'est que parmi les éléments qu'elle classe, il y a « ceux qui appartiennent à la présente classification ». Un étudiant en logique mathématique reconnaîtra immédiatement ici le paradoxe formulé par le jeune Bertrand Russell dans ses objections à Frege : si un ensemble est normal quand il ne s'inclut pas lui-même (l'ensemble de tous les chats n'est pas un chat, mais un concept) et s'il est anormal quand il est un élément de lui-même (l'ensemble de tous les concepts est un concept), comment définir l'*ensemble de tous les ensembles normaux* ? S'il est normal, c'est un ensemble incomplet, car il ne s'inclut pas lui-même ; s'il n'est pas normal, c'est un ensemble illogique, car parmi tous les ensembles normaux, nous aurons inclus un ensemble anormal. La classification de Borges joue clairement avec ce paradoxe. Ou la classification des animaux est un ensemble normal, et donc ne peut se contenir elle-même (mais l'auto-inclusion ne se produit pas dans la liste de Borges) ; ou elle est un ensemble anormal, et la liste est incongrue, car parmi les animaux apparaît quelque chose qui n'est pas un animal, mais un ensemble.

Confessions d'un jeune romancier

Je me demande si j'ai jamais rédigé une liste *vraiment* chaotique. Ma réponse à cette question, c'est que les listes authentiquement chaotiques ne peuvent être écrites que par les poètes. Les romanciers sont obligés de représenter des faits qui se produisent dans un espace et un temps donnés, et, ce faisant, dessinent une sorte de cadre à l'intérieur duquel tout élément incongru est d'une certaine façon « collé » à tous les autres. À titre d'exemple, je citerai une sorte de flux de conscience qui advient dans l'esprit de Yambo, le personnage principal de *La Mystérieuse Flamme de la reine Loana*. Yambo a perdu sa mémoire personnelle et n'a conservé que sa mémoire culturelle, qui l'obsède bien qu'il ne puisse rien se rappeler de lui-même ni de sa famille. À un certain moment, dans une sorte de délire, il crée un collage complètement incohérent de citations poétiques mêlées. Cette liste « sonne » assurément chaotique, car la sensation du chaos mental est précisément ce que je voulais exprimer. Mais si les pensées de mon personnage sont chaotiques, la liste l'est encore davantage, car elle a pour fin de représenter un esprit dévasté :

> Je caressais les enfants et je sentais leur odeur, sans pouvoir la définir, sauf qu'elle était très tendre. Il me venait seulement à l'esprit qu'*il y a là des parfums frais comme des chairs d'enfants*. Et de fait ma tête n'était pas vide : des mémoires y tourbillonnaient qui n'étaient

216

Mes listes

pas à moi, la marquise sortit à cinq heures au milieu du chemin de notre vie, Ernesto Sabato je suppose, Abraham engendra Isaac Isaac engendra Jacob Jacob engendra Judas et Rocco et ses frères, pour qui le clocher de Chantemerle sonne la minuit sainte et ce fut alors que je vis le pendule, sur ce bras du lac de Côme dorment les oiseaux qui vont mourir au Pérou, *messieurs les Anglais je me suis couché de bonne heure*, ici on fait l'Italie ou on tue un homme mort, *tu quoque alea*, et d'un seul coup d'un seul il lui fend le cœur, frères d'Italie encore un effort, une souris blanche qui siffle sur nos têtes, la valeur n'attend pas, l'Italie est faite mais ne se rend pas, un quarteron de généraux, qu'allait-il faire dans ce Boeing, pas de printemps pour la conscience, le train sifflera avez-vous vu Mirza la cantatrice sur les ailes dorées, mais où sont les neiges d'antan, ô temps suspends ton vol mignonne allons voir si la rose, c'est nous les canuts, everybody is a star, prends ton luth et me donne cette galère, la fille de Minos avec ses enfants vêtus de peaux de bêtes, ô soldats de l'an Deux, bien dit reprend Zeno, passé les Alpes et le Rhin, mon nom est Personne et pourtant elle tourne, nous étions à l'étude quand le proviseur, cette fantaisie et cette raison, ô saisons ô châteaux, le nom grandit quand l'homme tombe, on signalait une dépression au-dessus de l'Atlantique, un crapaud regardait le ciel, aux armes ! un, personne, et *de la musique où marchent les colombes*, cependant rien n'est perdu, face au peloton d'exécution je pourrais monter une faible dame, tous les jours c'était sur l'assassinat

Confessions d'un jeune romancier

considéré comme tintarella di luna, loup y es-tu ? nous sommes tout nus où fleurit l'oranger, ici commence l'aventure d'Achille, monsieur du corbeau, un paradis habité par des diables, *Licht mehr Licht über alles*, bon appétit messieurs, le petit chat est mort, que vaut une vie ? Des noms, des noms, des noms, Angelo Dall'Oca Bianca, Lord Brummell, Pindare, Flaubert, Disraëli, Remigio Zena, Jurassic, Fattori, le surréalisme et ses cadavres exquis, la Pompadour, Smith & Wesson, Rosa Luxemburg, Zeno Cosini, Palma l'Ancien, archéoptéryx, Ovide, Mathieu Marc Luc Jean, Pinocchio, Justine, Maria Goretti, Thaïs la putain aux ongles breneux, ostéoporose, saint-honoré, Bactrie Ecbatane Persépolis Suse Arbélès, Alexandre et le nœud gordien.

L'encyclopédie me tombait dessus en feuilles, et je me mettais à frapper des mains comme au milieu d'un essaim d'abeilles[1].

---

1. *La Mystérieuse Flamme de la reine Loana* (chap. I), trad. Jean-Noël Schifano, Paris, Grasset. Je me sens un peu gêné de citer ce texte comme si c'était le mien. Dans l'original italien, j'ai assemblé des citations littéraires aisément reconnaissables par le lecteur italien moyen, et le traducteur a dû « recréer » la compilation en choisissant des citations que le lecteur français identifierait. C'est un de ces cas où le traducteur doit éviter la traduction littérale pour produire *le même effet*, mais dans une autre langue. Le texte de Jean-Noël Schifano, quoique différent de l'original, donne un sens à mon collage chaotique.

Mes listes

Les listes des mass-médias

La poétique de la liste est aussi présente dans de nombreux aspects de la culture de masse, mais avec des intentions différentes de celles de l'art d'avant-garde. Il suffit de penser aux exemples cinématographiques de listes visuelles – tels les parades de *girls* à plumes d'autruche descendant l'escalier dans le film *Ziegfeld Follies* (1946), le fameux ballet aquatique dans *Le Bal des sirènes* (1944), les rangées de danseuses dans *Prologue* (1933), les cortèges de mannequins dans *Roberta* (1935) – et aux défilés modernes des grands couturiers.

Ici, la succession de créatures ensorcelantes n'a pour fin que de suggérer l'abondance, le besoin de satisfaire les exigences du *blockbuster*, de montrer non une seule image de *glamour*, mais un grand nombre d'affilée, de fournir à l'usager une réserve inépuisable de séduction voluptueuse, comme les potentats d'autrefois se paraient de cascades de joyaux. La technique de la liste n'entend pas mettre en cause l'ordre social, bien au contraire : son but est d'affirmer et de réaffirmer que l'univers de l'abondance et de la consommation, accessible à tous, constitue le seul modèle possible de société ordonnée.

Cette prodigalité en listes de beautés différentes n'est pas sans rapport avec les caractéristiques de la société qui a généré les mass-médias. On pense à Karl

219

Confessions d'un jeune romancier

Marx, qui, au début du *Capital*, écrit : « La richesse des sociétés où prévaut le mode de production capitaliste se présente comme une immense accumulation de commodités. » Qu'on pense aux vitrines qui exhibent une extravagante abondance d'objets et suggèrent qu'à l'intérieur on en trouvera beaucoup plus encore ; aux foires commerciales offrant des produits de toutes les parties du monde ; aux fameux « passages » parisiens (célébrés par Walter Benjamin), ces couloirs aux murs de marbre et aux toits de verre contenant des alignements de boutiques élégantes, que les guides du Paris de la fin du XIXe siècle décrivaient comme un monde en miniature ; et enfin aux grands magasins (glorifiés par Zola dans *Au bonheur des dames*), qui sont des listes en soi.

Dans *La Mystérieuse Flamme de la reine Loana*, qui se fonde principalement sur une recherche presque archéologique de souvenirs des années trente, j'ai eu recours fréquemment à la technique du catalogue (rendu chaotique, on l'a vu, par un collage frénétique). Permettez-moi de citer un passage où j'évoque la masse de chansons kitsch et sirupeuses dont la radio nationale a bombardé mes oreilles juvéniles :

> Le tourne-disque de mon grand-père était déjà de ceux où l'on pouvait préparer de nombreux disques empilés les uns sur les autres, de façon que, l'un fini, l'autre tombait sur la platine. Précisément comme si

Mes listes

la radio chantait toute seule pour moi, sans que je dusse tourner les boutons. J'ai fait partir la série et je me suis laissé bercer, appuyé au bord de la fenêtre, devant le ciel étoilé là-haut, au son de tant de bonne mauvaise musique qui devait réveiller quelque chose au-dedans de moi.

Cette nuit les étoiles qui brillent par milliers... Une nuit, avec les étoiles et avec toi... Parle-moi, parle-moi sous les étoiles, dis-moi les plus belles choses dans le doux charme de l'amour... Là sous le ciel des Antilles, où les étoiles scintillent, ils descendent par mille, les effluves d'amour... Marilou, sous le ciel de Singapour, dans un rêve d'étoiles d'or est né notre amour... Sous un ciel étoilé à nous regarder, sous les étoiles au ciel je veux ton baiser... Avec toi, sans toi, nous chantons les étoiles et la lune, qui sait si pour moi viendra la bonne fortune... Lune maritime, l'amour est beau et si intime, Venise, la lune et toi, tout seuls dans la nuit, toi et moi nous fredonnons une chanson... Ciel de Hongrie, soupir de nostalgie, je pense à toi avec un amour infini... Je me promène là où le ciel est toujours plus bleu, j'entends les oiseaux qui volettent dans les arbres, en chantant là-haut[1]...

---

1. Eco, *La Mystérieuse Flamme de la reine Loana*, Paris, Grasset.

Confessions d'un jeune romancier

Des livres, des livres, des livres...

Un catalogue de bibliothèque constitue, comme je l'ai dit plus haut, un exemple de liste pratique, car les livres d'une bibliothèque sont en nombre fini. L'exception serait bien sûr le catalogue d'une bibliothèque infinie.

Combien de livres y a-t-il dans la bibliothèque de Babel décrite en termes si fantasques par Borges ? Une des propriétés de la bibliothèque de Borges est qu'elle propose des livres contenant toutes les combinaisons possibles de vingt-cinq symboles orthographiques, en sorte que nous ne pouvons imaginer une combinaison de caractères que la bibliothèque n'ait pas prévue. En 1622, Paul Guldin, dans *Problema arithmeticum de rerum combinationibus*, a entrepris de calculer combien de mots pourraient être produits par les trente-trois lettres de l'alphabet en usage à son époque. Il les a combinées deux par deux, trois par trois, quatre par quatre et ainsi de suite jusqu'à parvenir à des mots de vingt-trois lettres, sans prendre en compte les répétitions et sans souci de savoir si les mots générés avaient un sens ou même s'ils étaient prononçables ; ainsi est-il arrivé à un nombre dépassant soixante-dix mille milliards de milliards (et écrire tous ces mots aurait exigé plus d'un million de milliards de milliards de lettres). Si nous devions écrire tous ces mots dans des volumes de mille pages chacun, avec des pages de cent lignes

222

Mes listes

et des lignes de soixante caractères, le total serait de deux cent cinquante-sept millions de milliards de volumes. Et si nous voulions les entreposer dans des bibliothèques équipées d'espaces de stockage cubiques de treize mètres de côté, dont chacune pourrait abriter trente-deux millions de volumes, il nous faudrait 8 052 122 350 bibliothèques de cette dimension. Mais quel pays pourrait contenir tous ces bâtiments ? Si nous calculons la surface disponible sur toute la planète, nous découvrons qu'il n'y a de place sur terre que pour 7 575 213 799 d'entre eux !

Beaucoup d'autres, de Marin Mersenne à Gottfried Leibniz, ont réalisé des calculs de ce genre. Le rêve de la bibliothèque infinie encourage les écrivains à tenter de compiler des exemples de listes infinies de titres ; et le spécimen le plus convaincant de liste infinie est celle qui est faite de titres inventés et inexistants, c'est-à-dire de ce qu'une invention infinie peut concevoir. C'est dans cette aventure excitante que se lance, par exemple, Rabelais, avec sa liste des livres (fictifs) de la bibliothèque de Saint-Victor, dans *Pantagruel* : *Bigua salutis ; Bragueta iuris ; Pantoufla decretorum ; Malogranatum viciorum ; Le Peloton de théologie ; Le Vistempenard des prescheurs, composé par Pepin ; La Couillebarine des preux ; Les Hanebanes des evesques ; Marmoretus de babouynis & cingis cum commento Dorbellis ; Decretum universitatis Parisientis super gorgiasitate muliercularum ad placitum ; L'apparition de*

Confessions d'un jeune romancier

saincte Gertrude à une nonain de Poissy estant en mal d'enfant ; Ars honeste petandi in societate per M. Ortuinum ; Le moustardier de penitence ; Les Houseaulx, alias les bottes de patience ; Formicarium artium ; De brodiorum usu et honestate chopinandi, per Silvestrem prieratem Iacopinum ; Le beline en court ; Le cabatz des notaires ; Le pacquet de mariage ; Le creziou de contemplation ; Les faribolles de droict ; L'aguillon de vin ; L'esperon de fromaige ; Decrotatorium scholarium ; Tartarerus de modo cacandi ; Les fanfares de Romme ; Bricot de differentiis soupparum ; Le Culot de discipline ; La savate de humilité ; Le Tripiez de bon pensement ; Le Chaudron de magnanimité ; Les Hanicrochemens des confesseurs ; Les Lunettes des romipetes ; Maioris de modio faciendi boudinos ; La cornemuse des prelatz ; Beda de optimitate tripatum ; La complainte des advocatz sus la reformation des dragées ; Des poys au lart cum commento ; La profiterolle des indulgences ; Aristotelis libri novem de modo dicendi horas canonicas ; Iabolenus de Cosmographia purgatorii ; Questio subtilissima ; Utrum Chimera in vacuo bombinans possit comedere secundas intentiones, et ainsi de suite, pour un total d'environ cent cinquante titres.

Mais nous ressentons le même vertige de l'infini quand nous sommes confrontés à des listes de titres réels, comme quand Diogène Laërce énumère tous les livres écrits par Théophraste. Le lecteur a du mal à concevoir une collection aussi énorme, non seulement

Mes listes

par le contenu des ouvrages, mais aussi par leurs simples titres : *Premiers Analytiques, III livres ; seconds
Analytiques, VII ; sur l'Analyse des Syllogismes, I ;
Abrégé des Analytiques, I ; des Lieux communs dans la
déduction, II ; Critique de la théorie de la discussion ;
des Sensations, I ; contre Anaxagore, I ; sur les doctrines
d'Anaxagore, I ; sur la doctrine d'Anaximène, I ; sur la
doctrine d'Archélaus, I ; du Sel, du Nitre et de l'Alun,
I ; de la Formation des pierres, II ; des Lignes insécables,
I ; de l'Ouïe, II ; des Vents, I ; Différence des vertus, I ;
de la Royauté, I ; de l'Éducation d'un roi, I ; Vies, III ;
de la Vieillesse, I ; sur l'Astronomie de Démocrite, I ;
Entretiens sur les phénomènes célestes, I ; des Images,
I ; des Humeurs, de la Peau et des Chairs, I ; Système
du monde, I ; des Hommes, I ; Collection des bons mots
de Diogène, I ; Définitions, III ; sur l'Amour, I ; autre
traité sur l'Amour, I ; du Bonheur, I ; des Espèces, II ;
de l'Épilepsie, I ; de l'Enthousiasme, I ; sur Empédocle,
I ; Épichérèmes, XVIII ; Controverses, III ; de la
Volonté, I ; Abrégé de la République de Platon, II ; de
la Différence dans la voix des animaux de même espèce,
I ; des Phénomènes subits, I ; des Animaux qui mordent
et qui blessent, I ; des Animaux qui passent pour intel-
ligents, I ; des Animaux qui vivent sans humidité, I ; des
Animaux qui changent de peau, I ; des Animaux à ter-
riers, I ; des Animaux, VII ; de la Volupté suivant
Aristote, I ; autre traité sur la Volupté, I ; Questions, XXIV ; du Chaud et du Froid, I ; des Vertiges et des*

Confessions d'un jeune romancier

Éblouissements, I ; de la Sueur, I ; de l'Affirmation et de la Négation, I ; Callisthène, ou du Chagrin, I ; de la Fatigue, I ; du Mouvement, III ; des Pierres, I ; des Maladies pestilentielles, I ; de la Défaillance, I ; des Métaux, II ; du Miel, I ; Recueil des doctrines de Métrodore, I ; Explications sur les météores, II ; de l'Ivresse, I ; des Lois, par ordre alphabétique, XXIV ; Abrégé des Lois, X ; sur les Définitions, I ; des Odeurs, I ; du Vin et de l'Huile ; premières Propositions, XVIII ; des Législateurs, VI ; des Politiques, VI ; la Politique suivant les circonstances, IV ; des Coutumes politiques, IV ; du meilleur Gouvernement, I ; Recueil de problèmes, V ; sur les Proverbes, I ; sur la Congélation et la Fusion, I ; du Feu, II ; du Souffle, I ; de la Paralysie, I ; de l'Asphyxie, I ; de la Démence, I ; des Passions, I ; des Signes, I ; Sophismes, II ; de la Résolution des syllogismes, I ; Topiques, II ; du Châtiment, II ; des Poils, I ; de la Tyrannie, I ; de l'Eau, III ; du Sommeil et des Songes, I ; de l'Amitié, III ; de l'Ambition, II ; de la Nature, III ; des Phénomènes naturels, XVIII ; Abrégé des Phénomènes naturels, II ; Phénomènes naturels, VIII ; contre les Physiciens, I ; Histoire des plantes, X ; Causes des plantes, VIII ; des Humeurs, V ; de la fausse Volupté, I ; Questions sur l'âme, I ; des Arguments sans art, I ; des Questions simples, I ; de l'Harmonie, I ; de la Vertu, I ; Attaques ou Contradictions, I ; de la Négation, I ; de la Pensée, I ; du Rire, I ; Soirées, II ; Divisions, II ; des Différences, I ; des Injustices, I ; de l'Accusation, I ; de

Mes listes

la Louange, de l'Expérience, I ; Lettres, III ; des Ani-
maux spontanés, I ; des Sécrétions, I ; Louanges des
Dieux, I ; des Fêtes, I ; de la Bonne Fortune, I ; des
Enthymèmes, I ; des Découvertes, II ; Entretiens
moraux, I ; Caractères moraux, I ; du Trouble, I ; de
l'Histoire, I ; de l'Appréciation des syllogismes, I ; de la
Flatterie, I ; de la Mer, I ; à Cassandre, sur la Royauté,
I ; sur la Comédie, I ; sur les Météores, I ; sur la Diction,
I ; Recueil de discours, I ; Solutions, I ; sur la Musique,
III ; des différents Mètres, I ; Mégaclès, I ; des Lois, I ;
des Choses contraires aux lois, I ; Recueil des opinions
de Xénocrate, I ; Conversations, I ; du Serment, I ; Pré-
ceptes de Rhétorique, I ; de la Richesse, I ; de la Poétique,
I ; Problèmes politiques, moraux, physiques, érotiques,
I ; Proverbes, I ; Recueil de problèmes, I ; sur les Problèmes physiques, I ; de l'Exemple, I ; de la Proposition
et de la Narration, I ; un autre traité sur la Poétique, I ;
des Sages, I ; de l'Exhortation, I ; des Solécismes, I ; de
l'Art oratoire, I ; sur les Arts oratoires en soixante et un
points ; du Geste, I ; Commentaires sur Aristote, ou
Commentaires de Théophraste, VI ; Opinions sur la
nature, XVI ; Abrégé des Opinions sur la nature, I ; de
la Reconnaissance, I ; Caractères moraux, III ; du Faux
et du Vrai, I ; Histoire des institutions religieuses, VI ;
sur les Dieux, III ; Histoire de la géométrie, IV ; Abrégé
de l'Histoire des Animaux d'Aristote, VI ; Épichérèmes,
II ; Questions, III ; de la Royauté, II ; des Causes, I ; sur
Démocrite, I ; de la Calomnie, I ; de la Génération, I ;

Confessions d'un jeune romancier

sur l'Intelligence et les Mœurs des animaux, I ; du Mou-
vement, II ; de la Vue, IV ; sur les Définitions, II ; sur
le Mariage, I ; sur le Plus et le Moins, I ; sur les Musi-
ciens, I ; sur la Félicité divine, I ; contre les Philosophes
de l'Académie, I ; Exhortations, I ; Commentaires sur le
meilleur gouvernement des villes, I ; sur le Cratère de
Sicile, I ; des Principes accordés, I ; sur les Problèmes
physiques, I ; quels sont les Moyens de connaître, I ; sur
le Menteur, III ; Préambule aux Lieux, I ; à Eschyle, I ;
Histoire de l'astronomie, VI ; Histoire de l'arithmé-
tique ; sur l'Accroissement, I ; Acicharus, I ; des Discours
judiciaires, I ; de la Calomnie, I ; Lettres à Astycréon,
Phanias et Nicanor ; sur la Piété, I ; Evias, I ; des Cir-
constances, II ; des Entretiens familiers, I ; de l'Éduca-
tion des enfants, I ; un autre Traité sur le même sujet,
I ; de l'Éducation, intitulé aussi des Vertus, ou de la
Tempérance, I ; Exhortations, I ; des Nombres, I ; Défi-
nitions sur l'énonciation des syllogismes, I ; du Ciel, I ;
Politique, II ; de la Nature ; des Fruits ; des Animaux.
En tout deux cent trente-deux mille neuf cent huit
lignes[1]. *Voilà tout ce qu'a écrit Théophraste.*

C'est probablement à de telles énumérations que
je pensais quand j'ai inclus dans *Le Nom de la rose*
une liste ininterrompue des livres contenus dans la

_____

1. Diogène Laërce, *Vies et doctrines des philosophes de l'Anti-*
quité, trad. Ch. Zevort, Paris, Charpentier.

Mes listes

bibliothèque de l'abbaye. Et le fait que j'ai choisi des livres réels (de ceux qui circulaient à cette époque dans les collections monastiques) plutôt que des titres inventés comme ceux de Rabelais n'altère en rien l'impression de prière, de mantra, de litanie que cette liste suggère. Le goût pour les listes de livres se retrouve du reste comme une fascination chez de très nombreux écrivains, de Cervantès à Huysmans et à Calvino. Quant aux bibliophiles, ils lisent les catalogues des boutiques de livres anciens (qui ne visent pourtant qu'à être des listes pratiques) comme s'ils contemplaient autant de tableaux envoûtants d'un pays de cocagne, d'un royaume du désir, et y prennent autant de plaisir qu'un lecteur de Jules Verne à l'exploration des profondeurs silencieuses des océans et à la rencontre de monstres marins fabuleux.

Aujourd'hui, nous pouvons nous confronter pour de bon à une liste infinie de titres : le World Wide Web est réellement la Mère de toutes les listes, infinie par définition parce qu'elle est en constante évolution, toile d'araignée en même temps que labyrinthe. De tous les vertiges, celui qu'elle nous promet est en quelque sorte le plus mystique, au sens où elle est totalement virtuelle et où le catalogue d'informations qu'elle nous offre nous fait nous sentir aussi riches qu'omnipotents. Le seul inconvénient est que nous ne savons pas lesquels de ses éléments se réfèrent à des données du monde

Confessions d'un jeune romancier

réel et lesquels à des mondes fictifs. Il n'y a plus de distinction entre la vérité et l'erreur.

Est-il encore possible d'inventer de nouvelles listes si, en interrogeant Google avec le mot-clef « liste », je trouve une liste de quelque deux milliards et deux cents millions de sites ?

Mais si une liste ambitionne de suggérer l'infini, elle ne doit pas être outrancièrement longue. J'ai suffisamment le tournis en relisant les titres de quelques-uns des livres que je mentionne dans *Le Nom de la rose* : *De pentagona Salomonis ; Ars loquendi et intelligendi in lingua hebraica ; De rebus metallicis*, de Roger de Hereford ; *Algebra*, d'Al-Kuwarizmi ; *Punica*, de Silius Italicus ; *Gesta francorum ; De laudibus sanctae Crucis*, de Rabanus Maurus ; *Giordani de aetate mundi et hominis reservatis singulis litteris per singulos libros ab A usque ad Z ; Quinti Sereni de medicamentis ; Phaenomena ; Liber Aesopi de natura animalium ; Liber Aethici peronymi de cosmographia ; Libri tres quos Arculphus episcopus Adamnano escipiente de locis sanctis ultramarinis designavit conscribendos ; Libellus Q. Iulii Hilarionis de origine mundi ; Solini Polyhistor de situ orbis terrarum et mirabilius ; Almagesthus...*

On peut parler aussi de la liste des récits qui mettent en scène Fantômas, dans les célèbres feuilletons populaires de Pierre Souvestre et Marcel Allain : *Fantômas ; Juve contre Fantômas ; Le Mort qui tue ; L'Agent secret ; Un roi prisonnier de Fantômas ; Le Policier apache ; Le*

Mes listes

Pendu de Londres ; *La Fille de Fantômas* ; *Le Fiacre de nuit* ; *La Main coupée* ; *L'Arrestation de Fantômas* ; *Le Magistrat cambrioleur* ; *La Livrée du crime* ; *La Mort de Juve* ; *L'Évadée de Saint-Lazare* ; *La Disparition de Fandor* ; *Les Souliers du mort* ; *Le Mariage de Fantômas* ; *L'Assassin de Lady Beltham* ; *La Guêpe rouge* ; *Le Train perdu* ; *Les Amours d'un prince* ; *Le Bouquet tragique* ; *Le Jockey masqué* ; *Le Voleur d'or* ; *Le Cadavre géant* ; *Le Faiseur de reines* ; *Le Cercueil vide* ; *La Série rouge* ; *L'Hôtel du crime* ; *La Cravate de chanvre* ; *La Fin de Fantômas.*

Ou du catalogue (partiel) des histoires de Sherlock Holmes : *Une affaire d'identité* ; *Un scandale en Bohême* ; *La Ligue des rouquins* ; *Les Trois Étudiants* ; *Le Mystère du Val Boscombe* ; *Les Cinq Pépins d'orange* ; *L'Homme à la lèvre tordue* ; *L'Escarboucle bleue* ; *Le Ruban moucheté* ; *Le Pouce de l'ingénieur* ; *Un aristocrate célibataire* ; *Les Hêtres-Rouges* ; *Flamme-d'Argent* ; *Le Soldat blanchi* ; *L'Homme qui grimpait* ; *L'Illustre Client* ; *La Crinière du lion* ; *La Pierre de Mazarin* ; *Le Marchand de couleurs retiré des affaires* ; *Le Vampire du Sussex* ; *Les Trois Pignons* ; *Les Trois Garrideb* ; *La Pensionnaire voilée* ; *Le Diadème de béryls* ; *La Boîte en carton* ; *L'Aventure du détective agonisant* ; *La Maison vide* ; *Le Dernier Problème* ; *Le « Gloria-Scott »* ; *L'Interprète grec* ; *Le Chien des Baskerville* ; *Le Rituel des Musgrave* ; *Une étude en rouge* ; *Le Traité naval* ; *L'Entrepreneur de Norwood* ; *Le*

Confessions d'un jeune romancier

Problème du pont de Thor ; L'Aventure du Cercle rouge ; Les Propriétaires de Reigate ; Le Pensionnaire en traitement ; La Deuxième Tache ; Le Signe des Quatre ; Les Six Napoléons ; Le Cycliste solitaire ; L'Employé de l'agent de change ; La Vallée de la peur...
Amen.

Les listes : bonheur de lecture et d'écriture. C'étaient les confessions d'un jeune romancier.

Index

ABEL, 35.
ABRAHAM, 101, 217.
ACHAB (capitaine), 137.
ADDISON, Joseph, 26.
ALAIN-FOURNIER, 113.
ALLAH, 133.
ALLAIN, Marcel, 230.
ALLEN, Woody, 122.
AMPÈRE, André-Marie, 73.
ANDREÏ (prince), 136.
AQUIN, Thomas d' (saint), 13.
ARIOSTE (l'), 147, 168.
ARISTOTE, 67, 74, 76, 85, 192, 194.
ARMAN (Armand Pierre Fernandez), 158.
ASIMOV, Isaac, 119.
AUGUSTIN (saint), 47, 49.
AVICENNE, 88.

BALZAC, Honoré de, 110.
BARBERO, Carola, 90, 120, 122.
BASILE, Giambattista, 200.
BEETHOVEN, Ludwig van, 100.
BELKNAP, Robert F., 141.

BENJAMIN, Walter, 220.
BLIGH, William, 35.
BLOOM, Leopold, 96, 98, 111, 150, 151, 169, 204.
BONANNI, Filippo, 182.
BORGES, Jorge Luis, 173, 174, 213, 214, 215, 222.
BOVARY, Emma, 83, 107, 115, 121, 122.
BROWN (père), 112.
BURROUGHS, Edgar Rice, 10.
BURTON, Robert, 201.

CAÏN, 101.
CALVINO, Italo, 148, 169, 213, 229.
CASANOVA, Giacomo, 65, 66, 67.
CASAUBON, Isaac, 60.
CASTELVETRO, Lodovico, 76.
CAULFIELD, Holden, 115.
CÉLINE, Louis-Ferdinand, 209, 210.
CELLI, Giorgio, 63.
CENDRARS, Blaise, 169.

233

Confessions d'un jeune romancier

CERVANTÈS, Miguel de, 10, 79, 115, 229.
CHANDLER, Raymond, 115.
CHONIATÈS, Nicétas, 32.
CHRISTIE, Agatha, 115.
CHURCHILL, Winston, 113, 114.
CICÉRON, 118, 145, 146, 211.
CIMOURDAIN, 113.
COLLINS, Wilkie, 69.
CRAMER (inspecteur), 92.
CRUSOÉ, Robinson, 169.

DANTE, 59, 162, 163, 203.
DANTÈS, Edmond, 82.
DARIO, Rubén, 195.
DARWIN, Charles, 10.
DERRIDA, Jacques, 46.
DICKENS, Charles, 113, 146, 169.
DIDON, 115.
DIEU, 57, 74, 109, 133, 144, 179, 187, 199.
DIOGÈNE LAËRCE, 224, 228.
DÖBLIN, Alfred, 204, 205.
DOSTOÏEVSKI, Feodor, 146.
DOUMENC, Philippe, 107, 122.
DOYLE, Arthur Conan, 69, 106.
DUMAS PÈRE, Alexandre, 82, 96, 115.

EDISON, Thomas, 10.
EINSTEIN, Albert, 10.
ELIOT, George, 60, 61.
ENNODE DE PAVIE, 145.
EURIPIDE, 115.

FANTÔMAS, 230.
FARIA (abbé), 82.
FERRERI, Marco, 21.
FITZGERALD, Scott F., 115.

FLAUBERT, Gustave, 107, 115, 122, 123, 218.
FLEISSNER, Robert F., 68.
FLEUR-DE-MARIE, 85.
FOUCAULT, Léon, 25, 61.
FOUCAULT, Michel, 61, 62, 213.
FRÉDÉRIC BARBEROUSSE, 30, 36.
FREGE, Gottlob, 215.

GALILÉE, 10, 46.
GANDHI (mahatmah), 113, 203.
GARGANTUA, 149, 202.
GATSBY Jay, 115.
GITCHI MANITOU, 133.
GOETHE, Johann Wolfgang von, 86.
GOODWIN, Archie, 92.
GRAAL (Saint), 14, 119.
GRAND ESPRIT DES PRAIRIES, 133.
GRIMM (frères), 113, 114.
GUAJIRA GUANTANAMERA, 74.
GULDIN, Paul, 222.

HALPER, Nathan, 47, 48.
HAMLET, 10, 81, 110, 111, 116, 135, 136.
HAMMOND, Dana, 110, 111.
HEATHCLIFF, 111, 132, 136.
HEIDEGGER, Martin, 10.
HENRIOT, Émile, 62, 63, 65.
HÉSIODE, 158.
HITLER, Adolf, 99, 102, 103, 104, 105, 109, 211.
HOLMES, Sherlock, 69, 91, 106, 107, 114, 132, 134, 231.
HOMÈRE, 9, 42, 158, 160, 161, 192, 214.
HORACE, 195.
HUGO, Victor, 113, 171, 202.
HUGUES DE NOVOCASTRUM, 65, 66.

234

Index

HUYSMANS, Joris-Karl, 229.
HYPOTYPOSE, 163, 168.

INGARDEN, Roman, 95, 119.

JENCKS, Charles, 38.
JÉSUS-CHRIST, 109, 134, 143, 199, 211.
JOCASTE, 137.
JORDAN, Robert, 112, 136.
JOYCE, James, 25, 28, 44, 48, 98, 149, 150, 171, 172, 203, **214**.

KABBALE, 33.
KANT, Emmanuel, 50.
KARÉNINE, Anna, 82, 83, 85, 87, 88, 89, 90, 99, 100, 101, 102, 105, 108, 109, 110, 111, 113, 120, 129, 132.
KENT, Clark, 108, 109, 110, 133.
KEPLER, Johannes, 11.
KIRCHER, Athanase, 80, 81, 182, 199.
KORNBLUTH, C. M., 93.
KOSTUKOVITCH, Elena, 62, 64, 65, 66.
KRIPKE, Saul, 106.

LACAN, Jacques, 10.
LAMARTINE, Alphonse de, 16, 161.
LEIBNIZ, Gottfried, 223.
LIME, Harry, 112.
LINNÉ, 10.
LURIA, A. R., 77.

MAIGRET, Jules, 115.
MANN, Thomas, 63, 169.
MANZONI, Alessandro, 39.

MARINO, Giambattista (le Cavalier Marin), 168, 201.
MARLOWE, Philip, 112, 115.
MAROT, Clément, 195.
MARPLE (Miss), 112.
MARX, Karl, 220.
MEAULNES, Augustin, 113, 114.
MÉDÉE, 115, 119.
MEINONG, Alexius, 87.
MELVILLE, Hermann, 10.
MEREZHOVSKY, Dmitry, 64.
MERSENNE, Marin, 223.
MILTON, John, 147.
MIRABEAU, Honoré de, 82.
MORLAY, Bernard de, 59.
MOZART, Wolfgang Amadeus, 112, 142.
MUSCA, Giosuè, 70, 71, 73.

NAPOLÉON Ier, 96, 97, 107, 118, 126, 127.
NERUDA, Pablo, 212.
NUCINGEN (baron de), 110.

O'HARA, Scarlett, 83.
OBAMA, Barack, 126, 127.
ŒDIPE, 115, 116, 132, 135, 136, 137.
OTHELLO, 116.

PANZER, Saul, 92.
PAVESE, Cesare, 71, 72.
PEIRCE, Charles Sanders, 44, 102.
PEREC, Georges, 17, 204.
PÈRE NOËL, 133.
PERRAULT, Charles, 113, 114.
PHUL, Ruth von, 48, 49.
PIERRE LE GRAND, 181.
PLINE L'ANCIEN, 26, 205.
POE, Edgar Allan, 169.

235

Confessions d'un jeune romancier

POHL, Frederik, 93.
POIROT, Hercule, 115.
POPPER, Karl, 46.
PORTER, Cole, 203.
PRÉVERT, Jacques, 212.
PROUST, Marcel, 11, 28, 169.
PSEUDO-DENYS L'ARÉOPAGITE, 144.
PYNCHON, Thomas, 204, 205.

QUICHOTTE (Don), 10, 79, 83, 115.

RABELAIS, François, 149, 200, 223, 229.
RASKOLNIKOV, 136.
RÊNAL, Madame de, 97.
RICCOBONI, Antonio, 76.
RICHELIEU, cardinal de, 28, 34.
RIGBY, Eleanor, 114.
RIMBAUD, Arthur, 8, 211, 212.
ROBEY, David, 61.
ROBORTELLO, Francesco, 76.
RUSSELL, Bertrand, 215.

SALINGER, J. D., 115.
SAMSA, Gregor, 136.
SAWYER, Tom, 169.
SCHOTT, Caspar, 198.
SCROOGE, Ebenezer, 116.
SEARLE, John, 46, 91, 117, 118.
SEGAL, Éric, 85.
SEPIBUS, Giorgio de, 182.
SHAKESPEARE, William, 68, 94, 95, 195, 203.
SHIVA, 133.
SIDOINE APOLLINAIRE, 148.
SIMENON, Georges, 115.
SOPHOCLE, 115, 135, 137.
SOREL, Julien, 97, 99, 131.

SOUVESTRE, Pierre, 230.
SPADE, Sam, 112.
SPITZER, Leo, 202, 212.
STENDHAL, 97, 98.
STEVENSON, Robert Louis, 28.
STOUT, Rex, 92, 110, 115.
STRAWSON, Peter, 124, 125.
SUE, Eugène, 85.
SZYMBORSKA, Wisława, 146, 147.

TARSKI, Alfred, 108.
TARZAN, 10.
TASMAN, Abel, 35.
TESAURO, Emanuele, 196, 197, 214.
THÉOPHRASTE, 224.
THOMAS D'AQUIN (saint), 13.
TOLSTOÏ, Lev, 10, 86, 89, 99, 101, 108, 110, 111, 132.
TWAIN, Mark, 169.

ULYSSE, 96, 113, 150, 152, 162, 204.

VALÉRY, Paul, 132.
VERNE, Jules, 27, 229.
VIRGILE, 115.
VISCONTI, Luchino, 22.
VRONSKY, Alexei, 101.

WATSON, John H., 106.
WERTHER, 86.
WHITMAN, Walt, 170, 171, 195.
WILDER, Thornton, 142.
WOLFE, Nero, 92, 110, 115.

ZASETSKY, Lev, 76, 77.
ZOLA, Émile, 54, 203, 220.

TABLE

1. Écrire de gauche à droite 7
2. Auteur, texte et interprètes 41
3. Quelques remarques sur les personnages de fiction 79
4. Mes listes 139

Index 233

*Cet ouvrage a été imprimé
par CPI BRODARD ET TAUPIN
pour le compte des Éditions Grasset
en février 2013*

*Mise en pages PCA
44400 Rezé*

Dépôt légal : mars 2013
N° d'édition : 17597 – N° d'impression : 72189
Imprimé en France